어둠 속에 빛나는 등불을 들고

스티븐 메트카프(Stephen A. Metcalf) 지음 | 조사옥·김양희 옮김

어둠 속에 빛나는 등불을 들고

Take the Torch Shining in the Dark
闇に輝くともしびをついて

선·교·사·가·된·일·본·군·포·로·의·76·년

어둠 속에
빛나는 등불을
들고

스티븐 메트카프(Stephen A. Metcalf) 지음 | 조사옥·김양희 옮김

쿰란출판사

역자 서문

2003년 9월부터 1년간 하나님의 은혜로 영국 런던 대학에서 방문교수로 지냈다. 지금 생각해도 그렇게 인도하신 주님께 감사드린다. 그것이 해외에 있는 일본인 선교에 눈뜰 수 있는 계기가 되었기 때문이다.

런던에 있는 일본인 교회(JCF)에 출석하면서 주님께서 세계적으로 귀하게 쓰시는 모리나가 스스무 목사님을 만나게 되었다. 그분의 소개로 파리와 네덜란드 등 유럽에 있는 일본인 교회와, 1년에 한 번 전 유럽에서 모이는 일본인 집회에서 말씀을 전하고 강연을 할 수 있는 기회가 주어졌다. 2009년 8월에는 핀란드 헬싱키에서 집회가 있었는데 여기서도 다시 한 번 말씀을 전할 수 있었던 것을 주님께 감사드린다.

이 유럽 일본인 집회에는 일본인 크리스천들이 250명에서 400명 정도 참석하는데, 일본에서 선교하시던 선교사님들이 많이 참석하신다. 그 중 한 분이 이 책의 저자이신 스티븐 메트카프 목사님이시다. 매주 참석하시던 런던 일본인 교회와 유럽 일본인 집회에서 말씀을 전하실 때 메트카프 목사님의 유창한 일어와 은혜로운 설교에 늘 감동받으면서도 목사님과의 대화는 길지 않았다. 지금 생각하면 연세가 많으셔서 예배가 끝나면 빨리 귀가하셨기 때문인 것 같다.

그러던 중 2년 전 여름, 이탈리아의 밀라노에서 일본인 집회가 있었을 때 하마지마 빈 교수님으로부터 이 책의 번역을 제의받았다. 평소 대학에서 가르치는 일과 연구와 사역으로 너무 바빠서 거절하고 싶었지만 어른의 부탁이라 차마 거절하지 못하고 결국 김양희 선생님과 공역을 하게 되었다.

번역에 참여하면서 말할 수 없는 기쁨을 느꼈다. 올림픽 육상 금메달리스트였던 에릭 리델의 중국 선교 이야기에는 큰 감동을 받았다. 명예를 뒤로 하고 중국 선교에 헌신하였고, 일본군의 포로가 되어 결국 죽음을 맞이하면서도 일본을 사랑하라고 가르쳤던 그의 삶은 예수님의 가르침을 실천한 삶이었다.

그의 삶을 본받아 일본 선교사가 된 메트카프 목사님은 찰스 스펄전 목사님이 세우신 런던 트리니티 로드 채플(London Trinity Road Chapel)에서 파송된 선교사님이다. 어느 해 교회 2층에 살고 계시는 두 분을 방문했다. 그 교회 기둥에는 파송 선교사들의 이름이 쓰여져 있었는데, 메트카프 목사님 부부의 성함 밑은 여백이었다. 사도행전이 계속되고 있다는 뜻일 것이다. 연로하여 선교지에서 돌아오신 선교사님을 교회에서 모시고 있는 것도 감명

적이었다. 메트카프 목사님 댁에서 불고기와 지지미를 만들어 대접한 뒤, 번역하기에 난해한 지명이나 인명에 대해 오랫동안 의견을 나누고 돌아왔다.

며칠 전에 전화를 드렸더니 런던 일본인 교회에서 설교하고 오셨다고 하시며, 다리에 힘이 빠져서 그 날이 마지막 출석이 될지도 모르겠다고 하셨다. 이 두 분이 남기신 일본 선교에 대한 꿈을 우리가 계속 꾸고 이루어 갈 것을 다짐하고 기도한다.

2010년 6월 10일

조사옥

"그런즉 그들이 믿지 아니하는 이를 어찌 부르리요 듣지도 못한 이를 어찌 믿으리요 전파하는 자가 없이 어찌 들으리요 보내심을 받지 아니하였으면 어찌 전파하리요 기록된 바 아름답도다 좋은 소식을 전하는 자들의 발이여 함과 같으니라."

– 로마서 10장 14~15절

차례

제1장 일본, 내게는 특별한 나라

차례

제2장
원수를 사랑할 수 있을까?

C o n t e n t s

제3장
언제나 일본을 사랑합니다

어둠 속에 빛나는 등불을 들고

제1장

일본, 내게는 특별한 나라

일본,
내게는 특별한 나라

Take the torch shining in the Dark

2004년 봄, 런던에 살고 있는 나에게 일본의 어느 출판사로부터 내 반생을 책으로 엮어 달라는 메일이 도착했다.

나는 영국 사람으로 1927년 중국 운남성에서 태어났다. 선교사였던 부모님이 중국에서 활동하셨기 때문이다. 내가 열한 살일 때 일본은 중국을 침략하기 시작했고, 열네 살 때 하와이 진주만을 공격하여 태평양 전쟁이 시작되었다. 이로 인해 내 인생은 크게 바뀌게 된다.

나는 일본의 점령지에 거주하는 적국민의 입장이 되었으며, 학교 선생님이나 친구들과 함께 민간인 포로로 잡혀 일본군이 만든 수용소에 갇히기도 하였다. 배고픔과 친구의 죽음, 중국인에 대한 일본 병사의 잔인한 폭력 등의 이유로 나는 일본인을 매우 싫어했다.

일본에서 전해 들은 뉴스인데, 지난 여름 중국에서 있었던 일본 대 중국의 축구 시합에서 일본이 이기자 중국인 응원단이 '타도 일본'을 외치면서 일본인 선수와 응원단이 타고 있던 버스에 물건을 던지는 등의 소란을 피웠다고 한다. 이 사건은 일본에서도 크게 보도되었는데, 뜻하지 않은 곳에서 노출된 일본 증오에 놀란 사람들도 적지 않았으리라 본다.

TV에서 어떤 평론가는 이 사건을 중국 정부에 의한 반일 교육의 결과라고 말하기도 했다. 물론 어떤 의미에서는 그 말도 맞다. 화해를 구하기에 앞서 오랜 세월 동안 증오심을 전해 온 쪽에도 전혀 문제가 없다고는 생각하지 않는다. 그렇다면 이런 증오심이 언제, 어떻게 생겨났고, 왜 장시간 퇴색되지 않고 젊은 세대에까지 침투되어 버렸을까? 또 그 이유를 생각하는 사람들이 현재 일본에 얼마나 있을까?

1931년에 일본이 국내의 불경기를 타개하기 위해서 중국 만주를 점령한 이후로 점차 침략의 손길을 뻗쳐가면서 수없는 중국 민간인들을 약탈하고, 강간하고, 학살했다는 사실을 일본인들은 얼마나 알고 있을까? 그 당시 나는 중국에서 살면서 나의 눈과 귀로 접했던 갖가지 폭력과 학대 때문에 일본에 대해 대단히 나쁜 감정을 품고 있었다.

그러나 전쟁 중에 갇혀 있었던 수용소에서 만나게 된 내 영혼의 선생님이 내게 주신 가르침으로 인해 그때부터 나는 일본인을 위해 기도할 수 있게 되었다. 또한 일본을 미워할 수 없게 되었고, 오히려 사랑하게 되어서 전쟁이 끝난 7년 후 결국 나는 선교사로 혼자 일본에 갔다. 그 이후로 38년이라는 긴 세월을 일본에서 보냈다.

지금 나에게는 소중한 일본인 친구들이 셀 수 없을 정도로 많이 있다. 그리고 아내와 나는 매일 일본과 일본인을 위해 기도하고 있다. 일본은 내게 특별한 나라이다. 그래서 나의 생각이 변화된 경위를 책으로 정리해 달라는 제안을 받았을 때 선뜻 그 제안에 동의했던 것이다.

거기에는 몇 가지 이유가 있는데, 하나는 그 전쟁을 아는 사람이 점점 줄어들고 있어서 다음 세대에게 꼭 전해 주고 싶은 말이 있기 때문이다. 또 하나는 나에게 용서와 사랑을 가르쳐준 '에릭 리델' 과의 만남을 기록으로 남기고 싶었기 때문이다. 에릭 리델은 영화 〈불꽃의 주자(走者)〉에서도 그의 생애가 묘사된 바 있는 훌륭한 크리스천이다.

그리고 무엇보다도 결코 평탄하지 않은 내 76년간의 인생 여정 가운데 하나님이 주시는 평화가 있었음을 얘기하고 싶었기 때문이다. 그래서 나는 이제까지의 반생을 되돌아보며 기록하기로 했다. 평화로운 환경의 혜택을 누리지 못했기 때문에 오히려 어떤 환경에 처하더라도 '평화' 를 맛볼 수 있었던 나의 체험이 이 시대를 살아가는 독자들에게 조금이나마 전달되었으면 하는 마음뿐이다.

아버지의 발자취

Take the torch shining in the Dark

제일 오래된 기억은 석남화로 빨갛게 물든 중국의 산들로부터 시작된다. 밤의 정적을 깨고 들리는 것은 늑대 울음소리뿐, 내가 살던 곳은 수도도, 전기도 없고 가게 대신에 한 달에 한 번 장이 서는 작은 촌락이었다. 그곳은 양자강(장강) 수원지에 인접한 운남성 곤명(昆明)에서 몇 주를 걸어야 닿을 수 있는 산 속에 있었다. 그 마을에서 나와 누나는 유일한 백인 아이들이었고, 태어난 직후부터 일곱 살까지의 유년기를 보냈다.

아버지가 처음으로 중국 땅을 밟은 것은 지금으로부터 근 100년 전의 일이다. 내게 남아 있는 낡은 사진 속에서 아버지는 중국 옷차림에 변발을 하고 계신다.

▲ 산둥성 옌타이 체푸 학교 어린이들 : 원난과 베트남 하이퐁 항구로 국내여행 중 기념촬영(앞줄 중간의 키가 큰 아이가 필자이고, 그 뒤에 누나가 있다.)

아버지 존 조 메트카프(John Joe Metcaff)는 1879년 영국 버밍엄에서 잡화점을 운영하는 새뮤얼 메트카프(Samuel Metcaff)의 셋째 아들로 태어났다. 장남인 존(John)은 열두 살 때에 홍역으로 청력을 잃었지만 회계사가 되었고, 차남 에드가(Edgar)가 가게를 이어받았다. 셋째인 아버지는 양복점에서 기술을 익힌 후 옥스퍼드에서 자신의 작은 가게를 꾸려나갔다. 아버지 집안은 삼형제 모두가 10대 중반에 유명한 전도자 루크 와이즈만(Luke Wiseman)의 설교를 듣고서 매우 독실한 크리스천이 되었다.

1900년대 초, 영국의 교회는 중국으로부터 들어오는 정보에 큰 충격을 받고 있었다. 중국에 외국인과 기독교가 들어오는 것에 불만을 가진 민중이 '의화단'(義化團)이라는 종교결사에 가담해 교회와 철도를 습격하고 있다는 것이었다. 또한 의화단에게 300여 명의 선교사가 살해되고, 중국인 크리스천들도 신앙을 버릴 정도로 심한 박해를 받고 있다고 하였다. 이때 아버지는 젊은 순교자들의 정열과, 혹독한 박해에도 불구하고 결코 신앙을 포기하지 않는 중국의 크리스천들에게서 큰 감명을 받으셨다. 그리고 마침내 자신이 선교사가 돼서 중국으로 가고 싶다는 말로 가족과 친구들을 놀라게 하였다.

아버지를 신앙의 길로 이끌었던 루크 와이즈만은 중국어를 배우기가 쉽지 않을 것을 생각해서 아버지를 파송하는 일을 주저했다. 이런 이유로 아버지와 와이즈만의 의견 대립이 있었을 때, 아버지는 출애굽기의 "누가 사람의 입을 지었느냐……나 여호와가 아니냐"(4:11)라는 말씀을 인용하여 "만일 하나님이 이 일에 나를 부르셨다면 필요한 힘은 모두 주실 것입니다"라고 대답하셨다.

이렇게 해서 아버지는 중국 내지 선교회(China Inland Mission, 약칭 CIM)라고 하는 전도단체에 소속되어 선교사가 되기 위한 기초 훈련을 받고 기초적인 의료지식까지 익힌 후에 1906년 중국을 향해 출발하셨다.

상해에 도착하자마자 아버지는 남경(南京)에 있는 CIM 중국어 학교에 들어가 부단히 노력한 끝에 중국어를 모두 익히셨다. 아버지가 졸업하시기 얼마 전에 같은 학교에 있었던 어떤 사람이 버밍엄을 방문할 기회가 있어서 와이즈만을 만났다. 아버지를 걱정하고 있던 와이즈만이 안부를 묻자 그 사람은 "걱정 안 하셔도 됩니다. 그와 마슈가 올해 1, 2위를 다투고 있습니다"라고 대답했다.

▲ 1945년 11월 전쟁 직후 누나와 함께(오스트레일리아 애들레이드에서)

마슈는 후에 《중국어 스탠다드 사전》을 저술하게 된 인물이다.

마침 그 무렵, 중국 남서부에서 기독교에 흥미를 가지고 있는 소수민족을 위해 일할 선교사가 필요하다는 긴급 요청이 들어왔다. 그곳에서는 아서 니콜스(Arthor Nicholls)라고 하는 선교사 혼자서 7개 부족의 구도자들을 상대로 선교활동을 하고 있었는데, CIM은 니콜스를 도와 이 일을 담당하도록 아버지를 선교사로 임명했다. 아버지가 중국 오지인 파견지에 도착하시기까지 배를 타고, 말을 타고, 걷고 또 걸어 9개월이나 걸렸다. 그러는 중에도 아버지는 중국어를 입에서 떼지 않으셨으며, 귀를 기울이는 사람이 있으면 누구에게든지 기독교를 전했다. 이렇게 해서 아버지가 도착하신 리스 촌을 둘러싸고 있던 것이 내 기억에 남아 있는 그 석남화 산들이었다.

당시 산악지대에는 중국 정부에 의해 벽지로 추방당한 선주민족(先住民族) 소집락촌이 몇 개 있었는데, 리스 촌도 그 중 하나였다. 불완전한 중국어를 반복하면서 선교사의 일을 감당해 가는 사이에 리스 촌은 아버지의 일생을 바치는 장소가 되어버렸다.

아버지가 남경에서 배운 중국어와 리스어는 전혀 다른 언어였다. 그러나 아랫마을과의 소소한 거래를 하는 중에 중국어를 더듬더듬 말할 수 있는 리스 족이 있어서 아버지는 그들에게 리스어를 배우기 시작하셨다. 리스어에는 문자가 없기 때문에 당연한 일이지만 마을 사람들 모두가 읽고 쓰지를 못했다. 아버지는 샘 폴랜드(Sam Folland)라는 사람이 쓴 몬 족의 언어 이해를 돕는 문법서를 참고로 하면서 리스어 쓰기법을 개발하고, 성경을 리스어로 번역하셨다. 1927년 내가 태어났을 때, 아버지는 사도행전 6장을 번역하고 계셨는데, 거기에 나오는 '믿음과 성령이 충만한 스데반' 을 따서 나에게 스티븐(스데반의 영어식 발음)이라는 이름을 지어 주셨다.

아버지는 학교를 만들고 의료원을 열었다. 학교에서는 리스어 쓰기와 읽기, 중국어를 가르쳤다. 아버지가 이 마을에 오시기 전까지 이곳에는 의료라고 할 수 있는 것이 없었기 때문에 의료원 바깥에 아픈 사람들이 줄지어 서 있던 광경이 나는 기억났다. 그 중에서도 한센병에 걸린 사람들의 모습은 매우 참혹했다. 이 병의 감염력이 약하다는 것을 알고 계셨던 아버지는 그들을 피하지 않고 받아주셨다.

번역, 학교, 의료원, 그리고 하나님의 가르침을 전하는 선교사로서의 임무를 도맡은 아버지의 생활은 분주하기 그지없었다. 그래도 우리 가족은 매일 아침 의료원을 열기 전에 함께 성경을 읽고 기도하면서 새로 주신 한 날을 하나님께 모두 맡길 것을 다짐

하면서 하루를 시작했다. 그렇게 함으로써 아버지와 어머니는 현재 우리의 상상을 초월하는 그 가혹한 나날들을 담담히 이겨 내실 수 있었으리라고 생각한다.

아버지와 어머니의 고생담 중에 기억나는 것이 있다. 내가 태어난 이듬해인 1928년 어느 날 저녁, 갑작스런 총성과 비명이 마을의 정적을 깼다. 산적이 습격해 온 것이다. 아버지가 갓난아기인 나를 안고, 리스 족 젊은이가 네 살이었던 누나 루스를 안고 달리기 시작했다. 그러나 탄환이 머리 위를 아슬아슬하게 스쳐 지나갈 때 아버지는 멈춰 서서 항복하셨다. 다행히 산적이 다가오는 사이에 누나 루스를 안고 있던 젊은이는 숲속으로 도망칠 수 있었다. 그러나 아버지는 붙잡혀 인질로 연행되고 말았으며, 남겨진 어머니는 나를 안고 마을의 여러 집들이 차례차례 불길에 타들어가는 것을 바라보고 있을 수밖에 없었다. 그리고 2주 이상이 지났을 무렵, 다행스럽게도 산적에게서 도망쳐 나온 아버지가 마을에 돌아오셨다.

산적의 습격을 당한 그 사건이 아버지에게 처음 일어난 일은 아니었다. 첫 번째는 1923년 아버지와 어머니가 결혼한 지 얼마 안 되었을 때 신혼살림 일체를 약탈당했다고 한다. 그후로 세 번의 습격을 당하신 부모님은 중국 오지에 살기를 포기하기보다는 오히려 될 수 있는 대로 소유물을 줄이고 조촐한 생활을 하기로 하셨다. 중국인들에게 하나님의 사랑을 전하고 싶다는 아버지와 어머니의 생각은 그 정도로 강력했던 것이다.

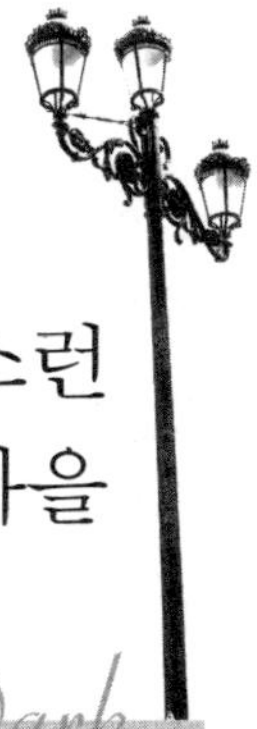

평화스런 마을

Take the torch shining in the Dark

리스 촌이 아버지와 어머니에게는 이처럼 무서운 체험을 하게 했던 곳이지만, 내 추억 속에서는 평화롭고 아름다운 마을이다. 산양의 우유와 버터는 리스 촌의 주산물 중 하나였다. 산양을 돌보는 친구들의 뒤를 따라 나도 자주 산 능선을 타고 다녔다. 그리고 산을 가로지르며 흐르는 작은 강가로 매일 물을 길러 가곤 했다.

우리 가족은 때로 저녁이 되면 그 작은 강가를 거슬러 강이 시작되는 곳에까지 가서 꽃을 따곤 했다. 나무 사이를 가득 채운 위대한 정적이 지금도 생각난다. 그후로 가족이 뿔뿔이 흩어져 사는 경우가 많았기 때문에 나에게 이 평화스런 시절은 그립고도 소중한 추억의 한 때였다.

어느 날, 우리는 소풍을 갔다가 조금 늦게 해질녘에 귀가했다. 주변이 어두워오자 겁이 나기 시작했고, 어두운 그림자 속에 사악한 영이 숨어 있는 것처럼 느껴졌다. 나의 느낌을 털어놓자 아버지는 몹시 화를 내시며 "하나님은 사랑으로 이 세상을 다스리시지만, 사단은 인간의 공포심과 미신을 가지고 이 세상을 지배한다"고 말씀하셨다. 예상치도 못했던 아버지의 이런 반응에는 그럴 만한 이유가 있었다.

아버지가 처음 이 산에 올라왔을 때 소박한 산악민족 사람들은 갖가지 미신에 묶여 공포에 가득 차 있었다. 마을 사람들 중에서도 크리스천이 아니었던 사람들은 그 당시 애니미즘적인 공포에 사로잡혀 있었고, 내가 그들로부터 그런 영향을 받았던 것을 아버지는 몹시 언짢아하셨던 것이다. 집에 도착하자마자 우리는 시편 23편을 낭독했다. "내가 사망의 음침한 골짜기를 다닐지라도 해를 두려워하지 않을 것은 주께서 나와 함께하심이라."

우리는 집에서는 영어로 말하고, 밖에서는 리스어로 말했다. 꼬마였던 우리는 그런 생활을 조금도 이상하게 생각한 적이 없다. 그런데 나보다 네 살 위였던 루스 누나가 일곱 살이 되면서부터 영국식 교육을 받기 위해 기숙학교에 들어갔다. 중국 선교의 선구자인 허드슨 테일러(Hudson Taylor) 선교사가 1881년에 설립한 학교가 운남성에서 대단히 멀리 떨어진 동지나해 연변 산동성의 옌타이(煙臺, Yantai)라는 도시에 있었던 것이다.

누나는 매년 크리스마스가 되면 집으로 돌아왔다. 가족이 전부 모이는 크리스마스는 그것만으로도 소중한 시간이었지만, 마을 전체로서도 매우 중요하고 큰 잔치였다. 이웃 마을에서도 크리스천이 모여들었고, 그 숫자는 2,000명을 넘어섰다. 그러나 나는 모임 자체보다는 그들이 가지고 오는 모든 종류의 헌물에 관심이 있었다. 닭, 산양, 돼지 등 하나님께 드리는 예물이 교회 밖에 줄지어 있었다. 그리고 오전중에는 화음 섞인 찬송가를 몇 시간이나 부르던 것이 생각난다. 그들의 멋진 노랫소리가 큰 메아리가 되어 되돌아왔다. 리스 족은 음악적 재능이 뛰어난 민족이었다.

기숙학교로

Take the torch shining in the Dark

드디어 나도 일곱 살이 되어 누나와 마찬가지로 기숙학교에 들어갈 날이 다가왔다. 부모님은 나를 학교에 데려다주신 뒤 10년만의 안식년을 보내기 위해 영국으로 귀국하기로 되어 있었기 때문에 세 식구 모두 짐을 꾸려 집을 나섰다. 말을 타기도 하고, 걷기도 하고, 연기가 자욱하게 낀 숙소에서 밤을 보내기도 하면서 녹초가 되어 운남성의 수도 곤명에 도착했다.

곤명을 떠나 3일간 기차를 타고 지금은 베트남령으로 되어 있는 해변 도시, 하이퐁(HaiPhong)으로 향했다. 하이퐁에서는 홍콩행 배를 탔다. 연안을 따라 항해하는 작은 배들은 깊은 산속에서 태어나 자란 나를 매료시켰다. 홍콩까지 가는 3일 동안 바다 외에 거의 아무것도 볼 수 없는 여로였지만 그래도 내게는 큰 모험이었다.

홍콩에서 며칠간 체류하고 나서 상해행 배를 탔다. 드디어 상해에 도착하여 이탈리아의 멋진 증기선 콘테 베르디를 타던 그 날, 어머니는 홍콩에 있는 마틸다 병원의 친구를 방문하기 위해서 나를 데리고 전차를 타셨다. 병원이 있는 언덕 위에서 항구를 내려다보았을 때의 광경－모든 종류의 배와 하얗게 빛나는 콘테 베르디의 모습－은 지금도 눈에 선하다.

어머니가 볼 일을 마치고 그 큰 배에 오르기 위해 부두에 가까이 가자 배는 이미 출항하고 있는 중이었다. 어머니가 출항시간을 잘못 기억하고 계셨던 것이다. 아버지는 불안해 보이는 얼굴로 갑판에서 몸을 내밀어 나를 낚아챈 뒤 선원에게 넘겨주셨고 어머니 역시 항구를 막 떠나려는 배에 가까스로 올라타셨다. 그때 일도 선명하게 내 기억 속에 남아 있다.

그 이전의 여행과 콘테 베르디를 타고 보낸 여행은 정말 대조적이었다. 셀 수 없을 정도로 많은 객실과 미로 같은 복도, 무수히 많은 계단이 있었던 그 배는 마치 바다에 떠 있는 궁전 같았다. 밴드와 오케스트라의 연주를 들으며 몇백 명이나 되는 승객들과 함께 그때까지 한 번도 경험해 본 적이 없는 호화로운 식사를 하는 사치도 맛보았다. 3일째 되던 날 배는 상해에 도착했다.

상해에 있는 CIM 본부에서 몇 주를 지냈는데 그때의 생활 또한 내게는 별세계였다. 나는 태어나서 처음으로 치과에 가보았고, 머스컷이라는 포도를 먹어봤다. 에스컬레이터와 엘리베이터도 처음 경험해 보는 것들이었다.

▲ 어린 시절 살았던 다쿠 마을. 《어둠 속에 빛나는 등불을 들고》를 출간한 해인 2005년, 중국 여행 시에 찍은 사진

상해에서 또 3일, 작은 배로 연안을 따라가서 겨우 목적지인 옌타이에 도착했다. 여기서 루스 누나와 재회의 기쁨을 나누고 나는 처음으로 학교에 다니기 시작했다.

그때부터 1년 동안 영국으로 돌아가 지내실 부모님과 이별하는 것은 매우 슬픈 일이었다. 그러나 두 분 모두 건강이 많이 상해 있었기 때문에 영국에서 수술과 치료를 받으셔야만 했다. 누나와 나는 인력거를 타고 항구로 떠나는 부모님에게 손을 흔들어 작별을 고했다. 나로서는 부모님을 떠나 보내는 체험이 그때가 처음이었고, 이후로 몇 번이나 반복되는 일이 생겼지만 아무리 시간이 지나도 좀처럼 익숙해지지 않았다. 그러나 떨어져 있는 기간 내내 부모님으로부터 편지가 끊기는 일은 한 번도 없었다. 아버지가 누나에게, 어머니가 나에게 편지를 쓰시면 그 다음 주에는 그 반대로 해서 우리는 매주 편지를 받았다. 특히 어머니의 편지는 상상력이 풍부한 멋진 내용이었다. 그후 우리가 다니던 학교가 있던 지역이 일본 점령하에 놓이게 되어 공습이 있었을 때 7년 동안의 편지 350통이 불타버렸는데, 지금 생각해도 너무 아쉽다.

기숙학교 생활에는 즐거운 일도 있었고, 그렇지 못한 일도 있었다. 보통의 생활은 그럭저럭 재미있어 했지만 언제나 뭔가가 부족한 느낌이 들었고, 그럴 때 내 마음은 어느 새 그 위대한 산이 있는 곳으로 돌아가 있었다. 나의 세계 그 자체였던 리스 촌 사람들이 있는 곳으로 말이다. 학교에서는 그 누구도 리스어를 쓰지 않았고 그들처럼 화음을 넣어서 멋진 노래도 부르지 않았다. 그래서 그런지 쓸쓸하고 부모님이 그리웠다.

주일이 되면 누나와 나는 교회까지 먼 길을 걸어갔다. 사실대로 말하면 교회는 아무래도 나와 상관이 없었다. 거기에는 나와 마음이 통하는 사람들이 거의 없었기 때문이다. 다만 누나와 매주 그 길을 왔다갔다했던 것은 남매간의 유대를 강하게 해주었다.

소리 없이 다가오는 일본군의 그늘

Take the torch shining in the Dark

1938년에 나는 고등학교에 진학했다. 이 해는 옌타이가 일본군의 지배하에 들어가기 시작한 해이기도 하다. 이때부터 일본은 '대동아공영권'이라는 말을 자주 사용하였다. 이것은 곧 일본이 중국과 동남아시아의 리더가 되어 천황의 이름하에 공존공영할 수 있는 질서를 마련한다는 취지이지만, 실제로는 석유와 고무 등의 자원을 노린 침략을 감추기 위한 단어였다. 일본군은 중국 각지에서 약탈을 계속하며 전진해 나갔는데, 옌타이에 있던 우리는 다행히도 이 도시에서 부자로 알려진 한 중국인이 중국 정부군에게 돈을 상납하여 군대를 철수시켰기 때문에 일본군이 저항없이 들어왔다. 그렇게 해서 전쟁을 피할 수 있었다.

일본군이 들어온 그 날을 나는 지금도 뚜렷이 기억하는데 학교에서 크로스 컨트리(Cross Country) 대회가 열렸었다. 나는 2위를 다투며 달리고 있었고, 결승점까지 800미터 남아 있는 지점까지 와서 둘러보니, 우리가 마을을 점령하러 온 일본군의 소부대를 에워싸듯이 달리고 있었다.

우리는 일본 점령지인 중국에 사는 영국인이 되고 말았던 것이다. 만주에 살고 있던 학생들, 한국인, 그리고 전쟁 지역에 살고 있던 이들은 참혹한 대학살을 목격했다. 교회 목사님들은 체포당하고, 일본의 천황을 신으로 받들어 모시기를 강요받았지만 이를 거절하자 감옥에 갇혀 고문당했다(일본인 크리스천에게도 동일하게 행해졌다).

사태를 더욱 복잡하게 만든 것은 중국 공산군에 의한 시민투쟁이었다. 밤이 되면 가끔 작은 충돌이 있었고, 일본군을 공격하러 오는 게릴라들도 있었다. 나는 마음 속으로 일본을 미워하는 중국 다수파 사람들에게 공감하고 있었지만 일본에 대해 노골적으로 적대감을 드러내지 않겠노라고 결심하고 있었다. 영국과 일본이 아직 전쟁 상태에 들어가 있지는 않았기 때문이었다.

이 무렵, 나는 꼭 한 번 내 눈으로 전쟁을 목격했다. 부모님이 계시는 운남성으로 귀성하는 길에 있었던 일이다. 내가 타고 있던 배 바로 앞에서 일본군 비행기가 중국 범선을 공격하기 시작했다. 배에 타고 있던 중국인들에게 무차별 총격을 가하는 모습은 차마 눈 뜨고 볼 수 없을 정도였다.

이렇게 전쟁의 그늘은 점점 더 짙어가고 있었지만, 일본이 진주만을 공격하기 3년 전이었던 당시, 영국인인 우리는 일상생활에서 배고픔이 반복되기는 했지만 그런 가운데서도 비교적 평화로운 생활을 하고 있었다.

학교생활

Take the torch shining in the Dark

학교에서는 갖가지 운동대회가 나를 즐겁게 해주었고, 학업을 통해서 얻지 못했던 자신감을 심어주었다. 운동에 대한 자신감으로 인하여 쓸데없는 부상을 입은 적도 있었다. 어느 체조경기 대회 전날 밤, 나는 침대 머리맡에서 물구나무서기를 선보이고 있었다. 그런데 몸을 내려놓으려는 순간, 침대 옆 나무틀에 발을 부딪혀 골절상을 입고 말았다. 그날 밤은 너무 아파서 잠도 못 잤다. 그뿐 아니라 그후 두 달 동안 모든 운동경기에 참가할 수도 없었다. 그러나 제 버릇 남 못 준다고, 소나무 지팡이에 완전히 익숙해진 나는 지팡이를 쥐고 그 위에서 물구나무를 선 채로 뛰는 묘기를 터득했다.

또한 친구들과 함께 저질렀던 실수와 남자애들만의 장난도 추억 속에 남아 있다. 어느 날, 친하게 지내던 브라이언 톰슨이 나를 밖으로 불러내어 빗물 배수관 입구를 손가락으로 가리켰다. 거기에 들어가자는 것이었다. 가로 30센티미터, 높이가 50센티미터 정도 되는 곳이었다. 브라이언이 먼저 기어들어가고 나도 뒤따라 포복으로 들어갔다. 9미터 정도 들어갔을 때 나는 몸을 움직일 수 없게 되었고 브라이언의 다리를 끌어당기면서 뒤로 기어 나오지 않으면 안 되었다.

이쯤에서 이런 모험을 그만두어야 했다. 우리는 운동장에 가서 콘크리트로 만든 배수조 뚜껑을 발견했다. 그 뚜껑을 열고 아래를 내려다보니 배수관 개구부가 보였다. 브라이언은 나보다 키가 크고 덩치도 있었기 때문에 나를 부추겨 그곳에 들어가 보라고 말했다. 나는 기어들어가 개구부에서 약간 빛이 보이는 지점까지 나아갔는데, 거기서 몸을 움직일 수 없게 되었다. 앞으로도 뒤로도 갈 수 없다는 것을 알게 되자 나는 패닉상태에 빠져들었다.

영원이라고도 생각할 수 있는 시간이 지나자, 나는 아주 조금 뒤로 물러설 수가 있었다. 그리고 나서 부단한 노력을 쏟은 친구 덕분에 밖으로 나올 수가 있었다. 그리고 얼마간 몸의 떨림이 멈추지 않았다.

이 일이 있은 후 50년 가량 지난 어느 날 밤, 배수관에 끼여 꼼짝 못하고 있던 그 당시의 기억이 선명히 떠올라 잠에서 깬 적이 있었다. 나는 마음을 가라앉히기 위해서 차를 마시고, TV를 조금 본 후 다시 침대로 돌아갔다. 76세인 현재 나의 모습을 보면 소나무 지팡이로 물구나무를 서는 모습도, 배수관에 끼여 안절부절 못하는 모습도 상상할 수 없을 테지만, 그 당시 전쟁이 한발 한발 다가오는 상황에서도 소년들은 어른들이 생각할 수 없는 방법으로 생활을 즐기고 있었다.

이런 일도 있었다. 어느 겨울 주일 오후, 우리 7명은 언덕으로 소풍을 갔다. 굉장히 추운 날이라서 몸을 따뜻하게 하기 위해 쉴 새 없이 계속 걸어야만 했다. 언덕 꼭대기에는 높이 3미터 정도 되는 탑이 있었다. 탑에는 계단이 없었지만, 저절로 생긴 작은 틈 사이로 턱이 나 있어서 발끝과 손가락으로 매달릴 수 있었다. 거기에 올라가는 것은 물론 안전한 일은 아니었지만 우리는 서로 도와가면서 모두가 탑 위로 올라갔다. 그러나 탑 위로는 살을 에는 듯한 차가운 바람이 불고 있었기 때문에 모처럼 볼 수 있는 광경을 보는 둥 마는 둥 하다가 급히 아래로 내려왔다.

처음에는 제일 큰 아이가 먼저 내려가서 나머지 아이들이 내려올 때마다 손을 잡아 주기로 계획했는데, 그 아이의 손이 완전히 얼어버려서 아래로 내려갈 수가 없었다. 나와 한 친구가 겨우 아래로 내려올 수 있었는데 나머지 아이들은 "못 내려가겠어" 하고 말했다. 웃옷을 서로 묶어 로프를 만들어 보기도 했지만 헛수고였다. 결국 그 아이들은 포기한 채 도와줄 사람을 불러오라고 했고, 나와 친구는 학교를 향해 10킬로미터 가까운 길을 뛰어갔다.

도중에 그 아이들이 "화장실에 있는 사다리를 가지고 와" 하고 외치는 소리가 멀리서 들렸다. 그 사다리는 보통 저수조를 고치거나 할 때 사용하기 위해서 화장실에 놓여 있었다. 그러나 학교에 도착한 우리가 화장실에 가 보니 화장실에 사다리가 없었다. 할 수 없이 우리는 당직 선생님을 부르러 갔다. 선생님은 로프를 가지고 '비참한 범죄자 녀석들'을 구하러 학교에서 출발했다. 나와 함께 도움을 청하러 왔던 친구는 너무 지쳐서 더 이상 언덕까지 올라갈 수 없다고 했고, 나는 가능한 한 멀쩡한 척하면서 별로 맘에 안 드는 그 선생님과 함께 둘이서 다시 언덕으로 올라갔다.

가까스로 언덕에 도착했을 때 주변은 아주 조용했다. 친구가 탑에서 내려온 것은 분명한데 무슨 일이 있었는지는 알 수가 없었다. 지친 몸을 끌고 학교 부근까지 돌아왔을 때 앞쪽에서 그들의 모습을 볼 수 있었다. 들어본즉, 중국인 농부가 탑 근처를 지나가다가 친구들의 구해 달라는 소리를 듣고 탑에서 내려주었다는 것이다. 이 사건이 있은 후 '어떻게 하면 그런 무모한 짓을 하지 않을 수 있을까'라는 제목으로 200자 반성문을 제출하라는 꾸중을 들었고, 그때까지는 나 자신을 영웅이라고 생각하고 있었다.

1941년 여름, 어머니는 건강이 좋지 않으셨는데 누나 졸업식에 참석했다가 그후 누나를 해외로 보내기 위해 운남성에서 옌타이로 오셨다. 유럽 전쟁은 영국에서의 생활을 곤란하게 했다. 공습도 있었고, 경제상태도 물론 좋지 않았다. 그래서 부모님은 누나를 오스트레일리아 애들레이드(Adelaide)로 보내기로 하셨다. 오스트레일리아에는 누나를 반겨 줄 친척은 없었지만 어머니 친구인 루스 하틀레이(Ruth Hartley)가 누나를 보살펴주기로 하셨다.

루스 하틀레이는 선교사가 되어 중국으로 가고 싶어했지만, 건강 상태가 좋지 않았기 때문에 그렇게 할 수 없었다. 그래서 루스의 어머니는 우리 어머니가 선교사가 될 수 있도록 학비를 보태주었고, 선교사가 되고 나서도 경제적 지원을 마다하지 않으셨다. 하틀레이 집안은 어머니가 중국에 계시는 동안 계속 우리를 보살펴주셨다. 이런 이유로 누나는 애들레이드에서 4년 동안 간호사 공부를 하게 되었고, 일본의 공격이 시작되기 직전에 마지막 배로 마닐라 여행길에 올랐다.

어머니는 운남성에 돌아가서 나의 졸업을 기다리면서 유럽에서의 전쟁이 어떻게 되어가는지 주시하고 계셨다. 그 무렵 일본은 중국 연안 부분을 거의 제압하고, 네덜란드령 인도네시아와 홍콩을 탐내고 있었다.

태평양전쟁 발발

Take the torch shining in the Dark

1941년 12월 8일, 일본의 진주만 공격은 아시아를 무서운 전쟁 속으로 휘몰아넣었다. 이것은 또한 나 자신의 운명을 바꾸는 사건이기도 했다. 일본과 영국이 분명한 적국관계가 된 것이다.

순식간에 학교 문에는 바리케이트가 쳐졌고, 우리는 연금당했다. 학교는 이제부터 일본 해군의 지휘 하에 놓이게 된다는 통보를 받았으며, 일본 병사들이 학교 내부를 서성이게 되었다. 그들은 학교 주방에 들어가서 마음대로 먹을 것을 먹고, 장교들은 돈이 될 만한 물건들을 찾아다녔다. 교장과 많은 외국인 비즈니스맨들은 독방에 갇혀 스파이 용의자로 심문을 당하고 있었다.

이 시기에 일본 헌병대는 스파이 잡기에 혈안이 되어 있었고,

몇천 명이나 되는 무고한 사람들에게 잔혹한 고문을 가했다. 우리 학교 교장선생님은 케임브리지 대학 재학 중에 크리스천이 되어 중국 선교사가 되기로 결심하신 훌륭한 분이었다. 그분은 스파이로 의심 받을 만한 이유가 없었지만, 중국어가 유창하고 영국으로 일시 귀국했다가 중국으로 돌아올 때 시베리아 철도를 이용했다는 이유로 의심을 받게 되었던 것이다.

얼마 있다가 상업회의소 회장을 제외한 전원이 귀가조치를 받았는데, 무슨 이유에서인지 회장만은 끝까지 스파이 혐의를 받았고 얼마 후에 재가 되어 돌아왔다. 회장 옆에 있던 중국인 의사 말에 의하면, 일본군이 조금씩 투여한 독 때문에 고통을 당하다가 죽어갔다고 한다.

그후 우리 학교에도 아주 놀랄 만한 사건이 일어났다. 일본 해군 장교가 학교 관계자를 불러 기숙학교에서 학년이 높은 소녀 전원을 해군 위안부로 차출하도록 했던 것이다. 교장을 비롯한 회의 참석자 전원은 단호히 그것을 거부했고, 이에 일본군 장교가 노하여 "다시 한 번 검토하라"고 했지만 회의를 마칠 때까지 계속 항의했다. 다시 한 번 검토했는지는 모르겠지만 다행히 장교가 같은 이야기를 되풀이하지는 않았다. 그러나 이 일은 일본군이 한국과 중국의 젊은 여성들을 자신들의 부대에 위안부로 보내는 슬픈 결과로 끝나고 말았다.

결국 일본군이 학교 건물을 통째로 접수하게 되어 우리는 8킬로미터 떨어진 다른 건물로 옮겨가게 되었다. 갑작스런 퇴거 명령을 받은 우리는 학교 직원들에게 둘러싸여 찬송을 부르면서 한 줄로 서서 학교 밖으로 나갔다. 학교를 뒤돌아보며 이 건물을 보는 것도 이것이 마지막이라고 생각했던 기억이 난다. 트럭이 짐을 실어가고, 작은 아이들은 인력거를 탔다. 줄을 선 우리는 중국의 오래된 마을들을 빠져나와 좁고 냄새나는 길을 걸어갔다. 계속 이어지는 행렬을 보고 중국인들은 깜짝 놀라 어디로 가느냐고 물어왔다. 물론 우리는 제대로 대답할 수도 없었다.

겨우 목적지에 도착해 보니 건물 앞에 매트리스 등의 침구와 생활용품들이 쌓여 있었다. 우리는 몇 시간이나 걸려 그 물건들을 집 안으로 들여놓았다. 방 배정은 학교 책임자가 맡았고, 나는 같은 학년 12명과 함께 다락방을 배정받았다.

같은 방 아이 중 한 명이 폐병을 앓고 있었기 때문에 우리는 곧 그 아이와 격리되었다. 나는 소년들 중에서도 특히 건강한 편이었지만 얼마 있다가 폐렴에 걸려버렸다. 누런 가래가 나오고 식욕이 없어져서 며칠 동안이나 침대에 누운 채 방에 틀어박혀 있었다. 점차 회복되어 갔지만 완전히 늙어버린 기분이었다.

몇 개월인가 후에 나는 다시 큰 병에 걸렸다. 이번에는 고열이 며칠씩 계속되었다. 의사는 진단을 내리지 못하고 매우 걱정했다. 어느 날 아침 점호를 받은 뒤에 일본군 사령관이 의사와 함께 내 상태를 보러 다락방으로 들어왔다. 이 고사카라는 사령관은 정말 신사였고, 우리를 진심으로 걱정해 주었다. 일본군 중에도 이런 사람이 있다는 것이 그후로도 내 마음에 남아 있었다. 그는 가까운 병원으로 의사와 함께 나를 보냈고, 새 약을 주었다. 이 약 덕분에 병은 극적으로 나았지만 몸이 몹시 약해져 있었기 때문에 그후로도 3일간 침대 신세를 져야 했다. 결국 나는 13일 동안이나 다른 학생들이 다른 장소에서 수업을 받고 있는 동안 계속해서 잠만 잘 수밖에 없었다. 그 아이들은 밤에 잠만 자러 들어올 뿐이었다.

회심

Take the torch shining in the Dark

어느 날 나는 너무 심심한 나머지 존의 하모니카를 승낙도 없이 불어 보았다. 존은 하모니카를 불지도 않으면서 갖고만 있었고 나는 하모니카를 매우 좋아했지만 이 수용소에 올 때 내 하모니카를 갖고 오는 걸 잊어버렸다. 그러나 이 사실을 알게 된 존은 놀랄 정도로 화를 내며 다시는 이런 짓을 하지 말라고 경고했다. 나중에 알고 보니 존은 이때 결핵에 걸려 있었다. 그리고 그는 자기 병이 감염력이 강하다는 것을 알고 있었기 때문에 그렇게 화를 냈던 것이다.

뜻하지 않은 존의 반응에 나는 갑자기 죄의식에 사로잡히게 되었다. 그것은 친구 물건을 허락 없이 썼다는 것에 대해 친구가 화를 낼 때 느끼는 극히 일반적인 죄책감과는 전혀 달랐다. 존과의 사이에 있었던 일은 하나의 계기에 불과한 것인데, 왜 그때 그런 일이 일어났는지는 나도 설명할 수 없다. 어쨌든 나는 내 자신이 죄가 있는 존재라는 것을 분명히 자각하고 그것을 한탄하며 크게 울기 시작했다. 내 감정을 제어할 수 없었다. 마침내 나는 죄 용서와 구원을 구하며 하나님께 기도하기 시작했다.

얼마 동안 기도를 계속한 후에 내 신변에 일어난 사건은 일반적으로는 이해할 수 없는 현상이었다. 마음속에 형언할 수 없는 평안과 기쁨이 몰려왔다. 내가 어찌할 수 없는 죄인인 것이 분명했다. 그러나 예수 그리스도가 십자가에 달리심으로 나의 모든 죄를 깨끗하게 씻어주셨다. 하나님은 나를 사랑하시고, 나는 용서받았다. 이제까지 선교사의 자녀로서 머리로는 이해하고 있었던 교양 같은 것을 이제는 나 자신의 진짜 사건으로 체험하고 있었다. 나는 하나님의 은혜에 감사해서 노래하기 시작했다. 그러다가 지쳐 잠들어버렸다.

문득 잠을 깨어 보니 침대 옆에 스탠이 걱정스러운 표정으로 서 있었다. 그는 내가 병든 이후로 계속 돌봐주었다. "괜찮아?" 하고 물어오는 그에게 나는 "괜찮아, 걱정할 것 없어! 하나님이 내 병을 고쳐주셨을 뿐 아니라 죄까지도 용서해 주셨는 걸" 하고 대답했다. 스탠의 놀란 표정을 보고 내가 엉뚱한 말을 했나 보다 하는 생각이 들었다.

그 다음에 어떤 이야기를 주고받았는지 확실히 기억이 안 난다. 단지 분명히 기억나는 것은 그후 스탠도 열성적인 크리스천이 되었다는 것이다. 우리는 갑자기 하나님에 대해 여러 가지를 이야기하기 시작했다. 그리고 다음 주일예배에서, 우리는 회심했고 진실한 크리스천이 되었다고 선언했다.

나와 스탠에게 일어난 일은 주변 아이들에게도 영향을 미쳤고, 그 다음 몇 주일 동안 친구들 모두는 신앙의 열기에 휩싸여 있었다. 우리 부모님은 모두 선교사였기 때문에 이 사실을 알게 되면 분명 기뻐해 주실 것이라고 생각했다. 그러나 편지나 소식은 오래 전부터 끊어져 있었다.

학교는 영국 대사관으로부터 적십자사의 배가 들어오는 대로 학생들 전원을 본국으로 귀환시키기로 약속을 받아놓았다. 그러나 실제로 배가 도착했을 때 스위스 적십자사는 아픈 사람이 있다는 둥 노인들이 있다는 둥 갖가지 이유를 대며 부자나 실력자들을 먼저 태워 갔다. 다음 배로 우리를 데려가겠다고 말했지만 다음 배 같은 건 결코 오지 않았다.

수용소에 갇혀 있기는 했지만, 그렇다고 해서 그 사이에 우리가 아무것도 배우지 못한 것은 아니었다. 수용소 안에는 선교사와 학교 선생님들이 많이 계셨고, 어른들은 그런 환경에서도 아이들에게 교육을 시키려고 최대한의 노력을 해주셨다. 그들이 학교와 교회, 성경반을 만들어주었기 때문에 신앙에 막 눈을 뜬 나는 스펀지가 물을 빨아들이듯이 여러 가지를 흡수하고 있었다.

이 시기에 자주 읽었던 것은 선교사들이 가지고 들어온 신앙 관련 위인전기였다. 중국 전도의 선구자이자 우리 학교의 창시자이기도 한 허드슨 테일러(Hudson Taylor), 구세군의 창설자인 윌리엄

부스(William Booth) 대장, 찰스 피니(Charles Finney), 드와이트 무디(Dwight Moody), 아도니람 저드슨(Adoniram Judson) 등의 전기를 읽고 나서 그들이 하나님과 쌓았던 신뢰 관계를 나 역시 만들어가고 싶다는 생각을 하고 지하실에 내려가 기도하곤 했다. 그리고 하나님이 나의 기도를 들어주시는 것을 확신하며 기쁨으로 충만했다.

어둠 속에 빛나는 등불을 들고

제2장

원수를 사랑할 수 있을까?

새로운 수용소로 | 에릭 리델(Eric Liddell과의 만남 | 원수를 사랑할 수 있을까? | 이별 그리고 결심 | 해방 | 그리운 부모님 | 오스트레일리아에서의 새로운 생활 | 진로를 찾아서 | 일본으로!

새로운 수용소로

Take the torch shining in the Dark

얼마 지나서 우리는 배를 타고 다른 수용소로 이송될 것이라는 소문을 들었다. 거기에는 중국 북부에서 데리고 온 피억류자들도 감금되어 있다고 했다. 새로운 수용소로 가기 전에 나는 내가 가지고 있던 유일한 재산인 우표 수집 앨범을 팔아치우기로 결심했다. 당시 일본 병사들에게 '그냥 아이'로 취급받던 나는 비교적 자유롭게 수용소 밖을 나갈 수 있었다.

마을로 나가 보았댔자 마을 밖 사정을 전혀 모르고 아무 연고도 없는 우리로서는 어차피 도망칠 수도 없을 뿐더러 도망자들에게는 현상금이 걸려 있었기 때문에 중국인에게 팔리지 않고 도망친다는 것은 불가능했다. 나는 마을로 가서 소중히 여기던 우표 수집 앨범을 팔아서 설탕 대용품인 사카린을 조금 샀다.

얼마 있다가 트럭이 와서 우리와 짐을 싣고 항구로 데려갔다. 거기에서 작은 배를 타고 새 수용소로 향했다. 배가 항구를 떠나자 뒤에서 작은 배가 따라왔다. 그리고 우리가 탄 배에 다가와서 우리에게 빵을 주었다. 몇 년 동안이나 우리 학교에 드나들던 중국인 빵집에서 이렇게 마지막 배달을 나왔던 것이다. 빵집이 호의를 베풀어주었던 건지, 독일인 선교사들이 빵값을 지불해 준건지 그것은 지금도 알 수 없다. 다만 그들이 빵 배달을 해주지 않았다면 우리가 배 안에서 먹을 음식이 전혀 없었다는 것만은 분명했다.

콩나물 시루 같은 작은 배 안에서 바짝바짝 붙어 몸을 웅크린 채 밤새 청도로 향했다. 배에서 내린 뒤에 그곳에서 열차를 반나절 정도 타고 목적지 웨이시엔(지금은 웨이팡)에 도착했다. 다시 트럭을 타고 울퉁불퉁한 길을 따라 교외로 나가게 되었고, 우리가 도착한 수용소 문에는 한자로 '행복한 정원' 이라고 쓰여 있었다. 이 수용소에서 나는 이후의 인생에 결정적인 영향을 준 만남을 체험하게 된다.

새 수용소에 도착하고 나서 처음 몇 주간은 새로운 발견의 연속이었다. 곧바로 할당된 일은 매일 1시간씩 펌프질을 해서 물을 긷는 것이었다. 수용소에 온 기술자들은 4개의 급수탑을 만들었다. 그리고 하루 종일 사람들 손으로 퍼 올린 우물물이 그 탱크에 저장되어 수용소의 식수로 공급되고 있었던 것이다.

나는 주방 일을 배정받았다. 하루 일하고 이틀 휴가를 얻을 수 있는 부서였다. 보스는 서글서글한 미국인 사업가였는데, 그의 마음에 들어서였는지 나를 잘 돌보아주었다.

보스는 식료품 저장고 열쇠를 갖고 있었고, 나중에 안 사실이지만 그렇지 않아도 부족한 우리 식료품을 빼돌려 자기 친구들이 빼돌린 물건과 맞교환하곤 했다. 이런 비밀 행동을 알아버린 후 매우 불쾌해서 나와 함께 주방 일을 보고 있던 친구는 "남이 곤란해지건 말건 자기가 하고 싶은 것이면 그냥 버리는 인간들의 도덕심과 윤리관은 어떻게 된 것인가" 하며 투덜대고 있었다. 그러나 시간이 지남에 따라 식료품이 점점 없어져 갔고, 결국 그들이 더 이상 빼돌릴 것이 없어지자 우리는 반대로 자유를 느꼈다.

당연한 일이지만 수용소 생활에서 음식이라는 것은 항상 괴로운 것이었다. 처음에는 콩 종류, 수수, 옥수수 등을 먹고 있었다. 옥수수 간 것을 끓이면 보기에는 초콜릿 푸딩처럼 보이지만, 맛은 전혀 달랐다. 갈지 않으면 이틀 내내 삶아야만 먹을 수 있는 것이었다.

음식 재료는 계속 야채 같은 것만 보내왔고, 다음에는 언제 받을지를 모르기 때문에 우리는 그것을 조리하는 방법을 궁리해서 가능한 한 오래 갈 수 있게 해야만 했다. 산더미처럼 쌓인 오이를 앞에 두고 어떻게 처리하면 좋을지 머리를 짜냈다. 훨씬 뒤에 일본에 간 나는 오이지와 같이 소금에 절이는 아주 좋은 방법이 있다는 것을 알게 되었지만 물론 그 당시에는 그런 방법을 알 리가 없었다. 생으로도 먹고 불에 구워도 먹다가, 결국 먹고 설사를 일으킬 때까지 갖은 방법으로 거기에 있는 것들을 다 먹어치웠다.

고구마가 대량으로 배급되어 왔을 때는 어른들이 술을 만들었다. 중국차는 몇 번이나 우려내서 마지막에는 조금 남은 풍미가 가실 때까지 계속 마셨다. 설탕, 계란, 우유를 받은 적은 한 번도 없었기 때문에 그런 것들이 필요할 때는 중국인과 암시장에서 거래를 할 수밖에 없었다. 바꿔치기할 수 있는 것이 있으면 계란과 설탕뿐만 아니라 담배, 술, 닭 같은 것들을 가지고 온다.

그러나 이것은 매우 위험한 게임이었다. 만약 들키기라도 한다면 1주일이나 2주일 동안 독방에 감금된다. 이런 일로 중국인이 적발되면 목이 잘려 보란 듯이 내걸린다. 우리가 있던 장소는 직접적인 전쟁 지역이 아니었기 때문에 별로 학살당하는 것을 본 적은 없지만 이렇듯 일본 병사들의 잔혹한 처사로 한창나이에 비참하게 죽어간 중국인들을 가끔 보았다.

그만한 위험을 무릅쓰고 수단껏 계란을 입수한 사람은 껍질까지 먹었다. 그렇게 하지 않으면 배급되는 음식만 가지고는 칼슘 같은 것을 보충할 수도 없었다. 실제로 우리는 칼슘 부족으로 수용소에 있는 동안 이가 전부 망가져버렸다.

에릭 리델(Eric Liddell)과의 만남

Take the torch shining in the Dark

전에 있었던 수용소와 마찬가지로 웨이시엔 수용소에서도 억류되어 있던 대학 교수와 교사, 선교사들이 학교와 성경반을 만들어 아이들을 가르치고 있었다. 거기에서 맞이한 첫 번째 일요일에 나는 성경반에 출석했다. 그리고 거기서 성경을 가르치고 있던 그를 만나게 되었다.

내 인생에서 결코 잊을 수 없는 그 사람을 처음 만난 것은 아직 보통학교 생활을 하고 있을 때였다. 다른 학교의 교사였던 그가 우리 학교로 찾아온 적이 있었다. 그저 그런 정도의 만남이었는데 웨이시엔 수용소에서 다시 만났을 때 그는 금세 나를 알아보고 말을 걸어 왔다.

그 사람, 에릭 리델은 1924년 파리 올림픽 금메달리스트로 유명한 영국인이었다. 1981년에 아카데미 작품상을 받은 영화 〈불꽃의 주자〉의 주인공이라고 말하면 더 많은 사람들이 기억할 것이다.

영화 속에서 리델은 올림픽 경기 직전에 자신이 출전하기로 되어 있던 100미터 달리기가 주일에 있는 것을 알고 주일에 자신이 제일 먼저 해야 하는 것은 육상경기가 아니라 하나님께 예배드리는 것이라고 생각하여 출전을 포기한다. 그러자 다른 종목에서 이미 메달을 딴 친구가 자신의 400미터 출전을 리델에게 양보하여 리델이 거기서 우승하게 된다.

실제로 리델은 올림픽 수개월 전부터 100미터 달리기가 주일에 치러진다는 것을 알게 되었다. 그래서 영화에서처럼 자신이 주일 예배를 포기하고 올림픽 경기에 출전할 수는 없다고 결단했다. 그러자 그의 코치는 에릭이라면 충분히 400미터도 뛸 수 있으리라고 확신하고 있었기 때문에 그들은 그 시점에서 리델의 출전 종목을 100미터에서 400미터로 전환시켰던 것이다. 리델은 이 400미터 경기에서 우승했을 뿐 아니라 그후로 20년간 아무도 깨지 못하는 세계 신기록을 세웠다.

나중에 리델은 국가별로 4명씩 조를 이루어 겨루는 릴레이 경기에서 영국을 승리로 이끌어 큰 상을 받았다. 그가 마지막 주자로 바통을 넘겨받았을 때 영국의 순위는 최하위였다. 그러나 다른 주자는 슬로모션으로 움직이고 있나 하고 생각될 만한 기세로 리델은 모든 선수를 따라잡았다고 한다. 그의 가슴이 결승 테이프를 끊었을 때 관중들은 모두 일어서서 환호성을 질렀다. 그는 국민적 영웅이 되었다. 또 일반에게 알려지지는 않았지만 그는 럭비선수로서도 뛰어난 재능을 가진 사람이었다.

하지만 이러한 스포츠 경력을 모두 내던지고 에릭 리델은 중국 선교사가 되었다. 그러던 중 1941년 전쟁의 먹구름이 그의 주변에 드리워졌다. 그러나 리델은 임신 중인 아내와 두 딸을 캐나다로 보내고 중국에서 시작한 하나님의 일을 끝까지 이루기 위해서 혼자 남았다.

이렇게 서로 불운한 처지에 몰린 리델과 나는 웨이시엔 수용소에서 다시 만났던 것이다. 리델은 조용하고 내성적인 사람이었다. 반면에 이야기하기 편한 상대이기도 했다. 그는 언제나 수용소 내의 잡일을 도맡아 바쁘게 보내고 있었는데 누군가가 그에게 말이라도 걸고 싶은 기색이라도 보이면 언제라도 말을 받아주는 사람이었다. 부인과 딸들, 그리고 부인의 뱃속에 있는 보이지 않는 아기와 떨어져 있는 깊은 슬픔을 가슴에 감추고 있었지만, 리델에게 피해 의식 같은 것은 없었다. 도움을 필요로 하는 사람에게는 기꺼이 도움을 주고, 성경을 가르치고, 스포츠 이벤트를 기획하여 우리 기분을 살려주었다.

항상 배고픔에 허덕이는 처지에서 스포츠 이벤트를 개최한다는 것이 다소 이상하게 들릴지도 모른다. 그러나 우리는 고달픈 수용소 생활을 잠시라도 잊게 해주는 그 이벤트를 정말 필요로 하고 있었다.

내가 리델과 특히 친해진 사건이 있었다. 학교 대항 릴레이에서 마지막 주자였던 내가 내 앞에 달리고 있던 상대편 주자를 이긴 적이 있고 난 후부터였다. 골인 직전에서 상대를 제치고 완전히 지친 발을 이끌며 돌아온 나를 리델은 매우 기뻐하며 안아주었고, 함께 뛰며 승리를 축하해 주었다. 그는 내가 이긴 상대편의 코치였는데도 말이다. 그러나 그 태도야말로 가장 리델다운 태도였다.

그후로 나는 에릭 리델이 주최하는 레크리에이션 위원회를 돕는 특권을 얻었다. 시대에 뒤떨어진 스포츠 용품을 함께 수리하고 낡은 방망이와 하키 스틱 등을 다시 쓸 수 있도록 고치는 작업은 정말 즐거웠다.

어느 날 리델은 올림픽 금메달을 암시장에 내다 팔고 계란, 설탕, 고기 등 뭐든지 살 수 있을 만큼의 돈을 스포츠 용품 수리대금으로 써버렸다. 그 당시 스포츠, 학업, 성경을 배울 수 있는 기회를 뺏기지 않고 유지할 수 있었던 것이 우리 소년들에게는 얼마나 유익했는지 모른다. 최악의 환경에서 최선을 만들어 준 어른들에게는 그 감사함을 말로 다 표현할 수 없을 정도이다.

그러나 그곳은 어디까지나 수용소였다. 남경벌레와 이 때문에 고생도 많이 했다. 밤 10시에 불이 꺼지면 수용소 내에 셰퍼드가 돌아다닌다. 매일 점호도 하였는데 보통 1시간 정도 걸렸다. 그 사이 우리는 비교적 자유로운 시간을 보내며 점호가 끝나기를 기다리고 있었다.

어느 날 아침, 나와 함께 배수관을 탐험했던 브라이언이 심심풀이로 점프하다가 머리 꼭대기에 걸려 있던 서치라이트 케이블에 부딪혔다. 그는 전에도 같은 경험을 한 적이 있다. 그때는 아무 일이 없었는데, 그날은 어찌 된 일인지 케이블에 전기가 흐르고 있었다. 엎친 데 덮친 격으로 비까지 내리고 있었고, 그는 맨발이었다. 브라이언의 손이 케이블에 닿는 순간 그것을 붙잡은 채로 경직되었고, 순식간에 전기가 지나갔다.

나는 그의 목숨이 끊어져 가는 것을 지켜볼 수밖에 없었다. 입학 이후 9년 동안이나 함께 생활하던 소중한 친구 브라이언은 이런 곳에서 그런 식으로 죽음을 맞았다. 열여섯 살이란 어린 나이에 말이다.

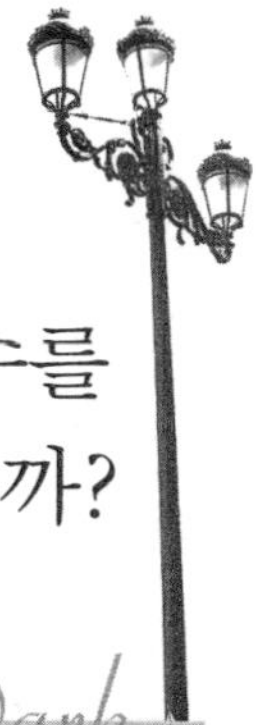

원수를 사랑할 수 있을까?

Take the torch shining in the Dark

어느 날 리델의 성경수업에서 '산상수훈'을 배우고 있을 때, 성경 가운데 한 단어를 가지고 리델과 나 사이에 의견 대립이 있었다. 산상수훈은 예수님이 산 위에서 자신의 이야기를 듣고자 따라온 군중을 향해 하나님이 기뻐하시는 삶을 가르치던 설교인데, 리델은 성경에서 이 부분을 특히 좋아하였다. 그 중에서 '원수를 사랑하라'라는 구절이 있는데, 그날 우리는 예수님이 이것을 '이런 자세로 살아야 한다'라는 이상적인 것으로 말씀하신 것인가, 아니면 진심으로 '이렇게 하라'는 의미에서 말한 것인가 하는 것으로 논쟁을 벌였다.

당시 우리에게 '원수' 하면 제일 먼저 떠오르는 대상은 일본군이었다. 일본군을 사랑할 수 있는가 하고 누가 구체적으로 물어오면 그 말이 얼마나 터무니없는 말이겠는가.

앞에서도 조금 언급했지만 우리 자신은 수용소에서 그렇게 심한 폭력을 겪지는 않았다. 또한 전쟁 지역에 있던 사람들처럼 참상을 목격했던 것도 아니었다. 그렇지만 중국 사람들에 대한 일본군의 무참한 대우를 지켜보고 있었다.

나는 중국 사람이 양쪽 눈이 뽑힌 채 리어카에 실려 온 마을로 끌려다니는 것을 본 적이 있다. 그때 그 사람은 아직 목숨이 붙어 있었다. 살아 있는 채로 양쪽 눈이 뽑힌 것이다. 스파이 용의자로 사형당한 사람이 목이 잘린 채 보란 듯이 옥문에 매달려 있는 것도 보았다. 친구 레이의 어머니는 남경에서 간호사로 근무하고 계셨는데 그 근무하고 있던 병원에 남경대학살 희생자가 계속 이송되어 오는 것을 지켜보고 있다가 그 상처가 너무나 잔혹해서 끝내 미쳐버리고 말았다. 그 중에는 난도질당한 여성의 시체도 있었다고 한다.

어째서 그렇게 죽여야만 했는가, 이것이 인간이 할 수 있는 일인가. 눈에 들어오는 것, 귀에 들리는 것 모두가 도저히 용서할 수 없는 것들이었다.

그런 짓을 저지른 일본군들을 도저히 사랑할 수 없었다. 그래서 산상수훈은 어디까지나 이상에 불과했다. 우리 소년들의 의견이 이렇게 결론나기 시작했을 때, 리델은 미소를 지으며 말했다.

"나도 그렇게 생각했다. 하지만 이 말씀에는 그 다음 말씀이 이어진다는 것을 깨달았다. '핍박하는 자를 위해 기도하라' 는 것이지. 우리가 사랑하는 자를 위해서라면 요구하지 않아도 시간을 내서 기도한다. 하지만 예수님은 사랑할 수 없는 자를 위해서 기도하라고 말씀하셨지. 그러니까 너희도 일본인을 위해서 기도해 봐. 인간을 미워할 때 너희는 자기 중심의 사람이 된단다. 하지만 기도할 때 너희는 하나님 중심의 사람이 되지. 하나님이 사랑하는 사람을 미워할 수는 없는 거야. 기도는 너희 자세를 바꿀 수 있어."

이렇게 말하는 리델 자신은 매일 아침 15분 일찍 일어나서 일본과 일본인을 위해서 기도하는 사람이었다.

나는 기독교인으로서 많은 것을 기도하고 있었다.

"스파이 용의로 붙잡혀 간 교장선생님이 빨리 풀려나게 해주세요. 신사 참배를 거부해서 투옥된 중국인 목사님들이 빨리 풀려나게 해주세요. 악랄한 일본군을 다른 데로 내쫓아 주세요."

그러나 일본군을 위해서는 기도하려고 생각한 적도 없을 뿐더러 기도하고 싶지도 않았다. 그렇지만 '핍박하는 자를 위해 기도하라' 는 것이 예수님의 말씀이고, 그렇게 할 때 자기 중심이 아닌 하나님 중심이 되는 것임을 리델이 깨우쳐 주었을 때, 나는 새로운 신앙의 단계로 나아가야 한다고 느꼈다. 그래서 그렇게 가르쳐 준 리델을 진심으로 존경하게 되었고, 그와 같은 기독교인이 되고 싶다고도 생각했다. 그리고 나도 마음을 고쳐먹고 이때부터 일본과 일본군을 위해 기도하기 시작했다.

그렇게 큰 결심을 하고 일본군을 위해 기도하기 시작했지만 그들의 행동은 바뀌지 않았다. 여전히 잔혹한 장면을 목격할 수밖에 없는 상황이 가끔씩 벌어졌다. 그러나 그것을 보고 있는 내 마음에 변화가 생기기 시작했다.

예전엔 그런 행위를 저지르는 일본군 개개인을 증오했지만, 기도하고부터는 '이것이 전쟁이다. 끔찍한 전쟁이다. 지금 그들은 죽음에 익숙해져 생명의 가치를 모르게 되어버렸다. 게다가 인간이 하나님께서 만드신 소중한 존재라는 것도 모르기 때문에 저런 짓을 저지르고 있다' 고 하는 생각을 갖게 되었다. 그것은 강한 분노이기도 하고, 슬픔이기도 했지만, 미움은 아니었다.

또 그런 잔혹한 짓을 저지르는 일본군이라 할지라도 하나님이 사랑하시는 존재라고 생각하게 되었다. 예수님은 로마 병사가 자신을 십자가에 못 박았을 때 이루 헤아릴 수 없는 고통 속에서도 "아버지, 저들을 사하여 주옵소서. 저들은 자기가 하는 것을 알지 못함이니이다"라고 말씀하신 분이다.

일본 병사들도 자신이 무슨 짓을 하는지 모르고 있었다. 얼마나 하나님을 슬프게 하는 무서운 죄를 범하고 있는지 전혀 모르고 있었다. 그러나 그런 자들까지도 하나님은 미워하시지 않는다. 사랑하고 계신다. 그렇게 생각하니 미움 대신 일본 병사들이 하루빨리 그것을 깨닫고 하나님께로 돌아오게 해달라고 기도하게 되었다. 리델이 가르쳐준 '너희 자세가 바뀐다' 는 것이 바로 이런 것이구나 하고 처음으로 깨달았다.

만일 기도하지 않았다면 일본인을 야만인 취급하며, 일본을 무서운 나라라고만 생각했을지도 모른다. 훨씬 뒤에 전쟁이 끝나고 오스트레일리아에서 새 학교에 다니기 시작했을 무렵, 나는 많은 기독교인들이 일본을 위해 기도하고 싶어하지 않는다는 것을 알게 되었다. 그들의 기분은 이해가 갔다. 이는 자연스러운 감정이다. 그러나 만일 자신의 자연스런 감정을 따르지 않고 예수의 말씀을 따르면 미워해도 마땅한 상대를 사랑하게 된다는 기적을 하나님께서 허락하신다는 것을 나는 체험했다.

이별
그리고 결심

Take the torch shining in the Dark

수용소라는 특수한 환경에서 이렇게 소중한 것을 가르쳐준 리델은 나에게 둘도 없는 스승이었는데, 그의 몸에 조금씩 이상한 변화가 생기기 시작했다. 뇌종양 증세로 인하여 이전에 할 수 있던 것들을 할 수 없게 된 것이다.

어느 날 그는 자신의 러닝슈즈를 들고 나를 만나러 왔다. 수줍은 듯이 무뚝뚝한 말투로 "너도 그 신발 많이 닳았구나. 겨울도 다 가오는데, 내 신발은 2, 3주일 더 신을 수 있을 거야"라고 말하고 내 손에 그 신을 올려놓았다. 그 신발은 너덜너덜했지만 그에게는 매우 의미 있는 신발이고 올림픽 때 신었던 신발이라는 것을 나중에 알게 되었다. 여기저기 꿰맨 자리가 있었지만 그것은 그가 나를 위해서 꿰매어준 것이었다. 뇌종양 증상으로 얼마나 고통스러워하면서 그 신발을 덧대어 꿰매었을까?

그러고 나서 3주일 정도 지나 에릭 리델은 천국으로 갔다. 43세의 젊은 나이였다. 나와 또 다른 10여 명만이 경비병들의 감시하에 묘지까지 갔다. 나는 그가 준 러닝슈즈를 신고 관을 메었다. 살풍경한 구덩이 속에 그의 관을 내려놓고 추위에 떨면서 수용소로 돌아오는 내 마음속에는 여러 가지 복잡한 생각이 교차했다.

'이것이 중국을 위하여 목숨을 바친 인간의 결말인가. 부인에게도, 아이들에게도 죽음을 알릴 수조차 없다니. 올림픽 금메달리스트요, 성자 같은 인물이었는데 말이다. 하지만 언젠가 꼭 하나님께서 에릭 리델에게 영광을 안겨 주실 것이다. 우리는 지금 수용소 생활을 계속해 가야만 한다. 분명 해야 할 일이 남아 있을 것이다. 하나님, 만일 제가 살아서 이 수용소를 나갈 수 있는 날이 온다면, 꼭 선교사가 되어 일본에 가겠습니다.'

그의 인생이 영화로 만들어져 많은 사람들에게 감동을 준 것은 그후로 40년 가량이 지나고 나서의 일이었다. 선교사가 되고 싶다고 한 나의 결심은 수용소 생활 동안에는 마음속에 숨어 있다가 그것이 다시 분명해진 것은 좀더 지나서였다.

우리를 둘러싸고 있는 외부 환경은 시시각각으로 변화하고 있었다. 우리가 있는 수용소에서 두 명의 탈주자가 생겼고, 그들이 산으로 도망가서 장개석이 이끄는 국민정부의 게릴라에 가담했다. 그들은 라디오를 손에 들고 와 가끔 뉴스를 알려주었다. 일본군에게 물자를 배달하러 왔던 중국인 인부가 실크 위에 쓴 메시지를 콧구멍에 넣어 가지고 와서 수용소 내 정해진 장소까지 오면 배수구 위에서 코를 풀었기 때문에 일본 병사 그 누구도 눈치채지 못했다.

우리는 배수구에서 재빠르게 그것을 주워 와 거기서 얻은 뉴스 내용을 "오늘의 소식"이라는 이름으로 수용소 내부 게시판에 붙여 놓았다.

"오늘의 소식—독일군 항복", "오늘의 소식—이탈리아군 항복. 300명의 이탈리아인이 수용소로 실려가다"라는 내용들이었다. 일본군은 우리에게 라디오가 있을 것이라고 여겨 필사적으로 찾았지만 찾을 수가 없었다.

만일 중국인 정보원이 없었더라면 유럽에서 일어나고 있는 일은 알 수도 없었으며, 전쟁은 아직도 계속될 것같이 보였다. 하지만 8월 15일, 결국 다음과 같은 메시지가 게시판에 붙었다. "오늘의 소식—전쟁이 끝났다. 일본 천황은 전쟁 종결을 선언했다. 미군 폭격기 B29가 히로시마에 원자폭탄을 떨어뜨렸다." 포로들은 그 소식이 정말인지 아닌지 내기를 걸었다. 정보가 아주 상세한 것까지 전달되고 있는 것에 놀랐다. 우리는 B29라는 비행기 이름도, 원자폭탄이라는 무기도, 히로시마라는 도시도 몰랐지만, 그런 구체적인 이름들이 많이 나도는 것을 보고 이 소문이 사실이라고 생각했다.

정말로 전쟁이 끝난 것이 확실해지고 있었다. 포로들은 그날, 수용소 책임자인 일본군 사령관 집 앞에 몰려가서 전쟁이 끝난 게 사실인지 물어대기 시작했다. 얼마간의 시간이 지나서 겨우 집에서 나온 사령관은 더듬거리는 영어로 "전쟁이 끝난 것인지 아닌지 나는 모른다. 모두 자기 침상으로 돌아가라"고 말했다. 포로들은 일제히 웃으며 조롱하기 시작했다. 물론 전쟁은 끝나 있었다. 그 사령관이 모르고 있을 리가 없지만 관계없었다.

포로들의 조롱거리가 되면서도 사령관은 한 마디 말도 하지 않았다. 정말로 아연실색했던 것이다. 항상 명령을 따르던 자였는데, 갑자기 명령이 없어져버렸다. 전쟁 동안에는 평화, 패배, 항복이라는 말은 쓰지도 못할 뿐더러 입에 담지도 못하도록 금지되어 있었는데, 그 패배가 현실로 닥쳐온 것이었고, 받아들이기 힘든 그 현실과 함께 내팽개쳐진 것이다.

해방

Take the torch shining in the Dark

그 다음 날, 나의 식사 당번이 비번이었다. 아침 식사 후에 수용소 안을 산책하고 있었는데 갑자기 비행기 폭음이 들려왔다. 깜짝 놀라 위를 올려다보니 미국 공군 B24가 아주 낮게 비행하며 원을 그리고 있었다. 그리고는 드디어 수용소 위에 전쟁 종결을 알리는 유인물이 뿌려졌다. 비행기는 잠시 모습을 감추더니 놀랍게도 영국 국기와 성조기를 휘날리며 다시 머리 위를 지나갔다. 우리는 흥분하여 소리치기 시작했다. 그리고 더욱 그 흥분을 부추기는 광경이 연출됐다. 7명의 포로병들이 춤추며 뛰어 내려왔다. 나는 갑자기 문 쪽으로 달리기 시작했다. 나 말고도 함께 달리는 사람들이 있어서 놀랐다. 일본군 둘이 총을 가지고 서 있었지만 전쟁 종결이라는 갑작스런 일로 충격을 받아서인지 꼼짝 못했다.

우리는 옥수수밭으로 뛰어들어갔다. 옥수숫대가 사람 키만큼 자라 있었고, 우리는 큰 소리로 외치면서 계속 뛰었다. "빨리 나와!" 어디선가 씩씩한 미군 병사가 권총을 들고 나타나 몹시 흥분한 태도로 "쪽발이들 어디 있나?" 하고 소리쳤기 때문에 나는 순간 총을 맞는 줄 알았다. 필사적으로 근방에 일본 사람이 없다고 설명하자 그는 자기 상사를 찾기 시작했다. 바로 우리는 두 명의 병사를 거느린 장교를 만났다. 그들은 밭 속 작은 산—그것은 중국인 묘였다—위에서 총을 장전하고 있었다. 젊은 중위가 다가와서 우리와 악수했다.

"나는 제임스 무어 중위야. 이전에는 학교에 있었다." 그가 그렇게 말하는 것을 듣고 나는 내심 놀랐다. 제임스 무어는 누나 선배였다. 갑자기 이 기쁜 현실을 실감했다. 수용소를 공격하기 위해서 자신의 목숨을 걸고 찾아온 용감한 7명의 병사가 바로 여기 있었다. 중위가 확실히 말했다. "너희는 일본 천황이 전쟁 종결을 선언한 것을 아나? 우리는 해방부대다. 일본군을 제압하고 너희를 고국으로 보내기 위해 여기 왔다." 마침 그때 비행기가 다시 돌아와서 앞으로 벌어질지 모르는 전투를 위해 필요한 무기를 떨어뜨려 주고 갔다.

옥수숫대 사이로 포로들의 얼굴이 하나둘 드러났다. 미군 병사를 환영하는 마음과 흥분이 솟아올랐다. 7명의 병사들은 마치 다른 행성에서 온 영웅 같았다. 우리는 그들 중에서 한두 명과 함께 어깨동무를 하고 수용소 문 쪽으로 걸어갔다.

그들을 맞이하는 일본군들은 초주검이었다. 상사로부터 아무 지시도 받을 수 없게 된 사령관은 항복하기로 마음먹고 있었다. 그는 집무실 책상 위에 일본도를 놓고 미군 장교를 맞이했다. 무어 중위는 그 칼을 사령관에게 돌려주며 말했다. "일본군은 의무를 다하기 위해 여기 남아라. 하지만 지금부터는 내 지휘하에 있어야 한다. 아직 종전을 받아들이지 않고 있는 게릴라들로부터 중국인을 지킬 것이다."

나는 문 밖으로 나가면 바로 있는 작은 강가로 걸어갔다. 수용소 안에서 내 방은 3층에 있었다. 그 방 창문에서 보이던 이 강을 자유의 상징처럼 오랫동안 바라보곤 했다. 아름답게 내 마음을 달래주었지만 결코 서 볼 수 없었던 그 곳. 오랜 수용소 생활이 끝난 그날, 나는 강가에 서서 동경의 눈으로 강을 바라보고 있던 창을 반대편에서 바라보고 있었다. 모두 끝났다는 느낌이 천천히 몸으로 스며들었다.

조금 있다가 수용소에 돌아오자 이미 많은 중국인들이 모여들어 모두 다 기뻐하며 웃고 있었다. 중국인들에게도 오늘이 정말 대단한 날이었다. 그들은 8년 동안이나 전쟁을 겪고 있었다. 나는 부엌으로 갔다. 해방을 축하하기 위해서 어떤 메뉴가 나올지 물어보았다. 수프와 빵이 많이 있고, 어쩌면 과일도 나올지 모른다고 했다. 벌써 몇 사람이 물건을 사러 나갔다는 것이다. 우리는 아직까지 해보지 못했던 일을 어느샌가 하기 시작하고 있었던 것이다.

그리운 부모님

Take the torch shining in the Dark

해방이 되자 부모님과의 재회로 내 머릿속이 가득 찼다. 아버지와 어머니는 내가 붙잡혀 있던 장소에서 3,000킬로미터 이상 떨어진 운남성에 계셨다. 당시 미군은 혼란을 피하기 위해서 포로들이 마음대로 사방으로 흩어지는 것을 금지하고, 자기들의 책임하에 일괄적으로 국외로 이동시키기로 했다.

나는 부모님이 이 나라 오지에서 나를 생각하고 있다는 것을 알았기 때문에 어떻게든 조금이라도 빨리 부모님 곁으로 가고 싶었다. 미군 무선 담당계에게 지금까지의 사정을 말하고, 아버지를 마지막으로 만났던 것이 벌써 7년 전이라고 사정하자, 그는 부모님처럼 대해 주었다. 내 부탁을 듣고 영국 영사관을 경유해서 부모님께 전보를 쳐주었다.

다음 날, 나는 군대 사무소에 불려갔다. 아버지한테서 전갈이 왔던 것이다. 담당 장교가 내 짐을 실은 비행기가 오후에 비행장에 도착한다고 가르쳐주었다. 나와 3명의 친구들은 트럭에 타고 8킬로미터 떨어져 있는 비행장으로 떠났다. 미리 도착해 있던 비행기가 프로펠러를 서서히 돌리면서 기다리고 있었다. 나는 급히 서둘러 비행기에 올라타서 큰 소리로 친구와 작별인사를 나누었다. 비행기는 나를 태우자 곧 뜨기 시작했고 아래를 내려다보니 친구들이 손을 흔들고 있었다. 이것은 보통 헤어짐이 아니었다. 우리는 11년이라는 긴 세월을 같은 기숙학교에서 자랐다. 그리고 마지막 4년간은 수용소라는 혹독한 환경 속에서 함께 살아온 사이였다.

형제와 같은 친구들과의 이별이었지만, 내 마음은 어느새 처음 비행기를 타는 체험에 정신이 팔려버렸다. 오랫동안 붙잡혀 있던 땅이 눈 아래로 펼쳐졌다. 비행기는 벌써 황하로 접어들어 강을 따라 서쪽으로 날기 시작했다. 풍경에 정신이 팔렸지만 나는 이런 저런 생각에 잠겼다.

저녁 무렵 서안(西安)의 미군 비행장에 도착했다. 나는 지프를 타고 이동해 바로 젊은 병사에게 넘겨졌고, 그날 밤 잘 곳과 먹을 것을 제공받았다. 그는 필요한 것을 준비해 주고, 다음 날 아침 일찍 차가 데리러 올 것이라고 말해 주었다. 침대에 누워 눈을 뜬 채로 그동안 겪었던 여러 가지 일들을 정리해 보려고 했지만 어느 사이에 잠이 들고 말았다. 다음 날 아침 눈을 뜨자 곧바로 차가 왔고 짐들을 챙겨 올라탔다.

여기까지는 놀랄 정도로 아무 탈 없이 일이 진행되었지만 그 다음부터가 난행이었다. 그날 나는 하루종일 탑승구 옆에 앉아 있어야만 했다. 탑승 수속 담당자는 여행 허가증을 가지고 있지 않은 포로가 어떻게 운남성까지 가나 하고 의아하게 생각했던 것 같다. 다음 날에 온 탑승 수속 담당자는 마치 벽창호 같은 사람이었는데 "안 됐지만, 허가증 없는 사람을 비행기에 태울 수 없어"하고 잘라 말했다. 결국 나의 불쌍한 처지를 지켜보고 있던 한 사무관이 다른 장교를 전화로 불러냈다.

백발의 장교는 이야기를 알아듣는 듯했다. 그는 내 사정을 유심히 듣고 나서 이렇게 말했다. "돈 좀 있나." "아니, 없어요"라고 대답하자 그가 자기 지갑에 들어 있던 돈을 전부 꺼내 주었다. 옆에서 이야기를 듣고 있던 사람이 준 돈까지 합하니 87달러나 됐다. 어떤 사람은 "여기 넣어라" 하면서 지갑도 주었다. 나는 오랫동안 돈을 쓰지 않고 생활했기 때문에 돈 같은 게 필요하다고 생각하지 않았지만 그들의 호의는 정말 고마웠다.

그후 그 장교가 탑승 수속 담당자한테 가서 "이 젊은이를 운남성에 데려다 줘"라고 말했다. 담당자는 "서류 없이 이 사람을 비행기에 태울 수 없습니다"라고 가차없이 대답했다. 그러자 그 장교가 자신의 계급을 대고 모든 책임은 자신이 지겠노라고 하며 화난 어조로 크게 말하고서 나를 비행기에 태우라고 명령했다. 담당자의 태도는 완전히 변했다.

"장교님, 저 사람을 어느 비행기에 태울까요."

그가 묻자 장교는 "장교 특별기편에 태워" 하고 대답했다. 그리고 웃으면서 나에게 “우선 성도(成都)까지 가게나. 곤명(昆明)까지 가는 직행은 없어”라고 말하고 사라졌다.

몇 시간 후에 나는 성도 공항에 도착했다. 곤명행 비행기가 뜰 때까지 1시간 가량 남아 있었다. 많은 군인들이 왔다갔다했는데 그 중 한 사람이 내 옆에 서서 큰 소리로 내 가방에 붙어 있던 짐표를 읽어내렸다. ‘CIM 곤명!’ 그는 뒤돌아서서 나를 쳐다보며 말을 걸어왔다. “나는 어젯밤 곤명 CIM에 있었다. 너는 누구지?” 내가 대답을 하자 그는 자기도 CIM 선교사인데 이제부터 미군 특별 예배를 드리러 출발하는 참이라고 했다. 그리고 “어젯밤 기도회에 자네 아버지와 어머니도 같이 계셨지. 우리는 자네와 다른 사람들을 위해 기도했어”라고 말했다.

헤어져 있는 동안 아버지와 어머니가 매일같이 얼마나 열심히 기도하셨는지 나는 잘 알고 있었다. 부모님은 내가 살아 있다는 걸 알았고, 또 일본군 손이 아직 닿지 않은 산 속 오지에서 자유의 몸으로 있을 거라는 것도 알고 있었다. 하지만 부모님은 내 소식을 전혀 들을 수 없었으니 얼마나 괴로우셨을까. 우리뿐만 아니라 당시 중국에 있었던 많은 선교사 가족들이 함께 기도하면서 같은 아픔을 나누었던 것이다.

그 선교사는 나를 공항 커피숍으로 데리고 가 주었다. 얼마 있다가 내가 탈 비행기가 뜰 시간이 돼서 급히 인사를 나누고 곤명행 비행기에 올랐다.

아래로는 양자강(장강)이 굽이돌고 있었다. 비행기에서 보니 마치 깊은 계곡을 흐르는 작은 강 같았다. 눈 아래 펼쳐지는 산줄기를 보면서 나는 향수에 젖어들었다. 하늘 아래쪽은 어둠이 깔려 있었다. 비행기가 고도를 낮추고 큰 소리를 내며 착륙했다.

공항의 담당 병사는 사정을 듣고 "너를 시가지까지 데려다주마. 우선 뭔가 먹자" 하고 나를 데려가 큰 접시에 음식을 잔뜩 담아 가지고 왔다. 내 위가 오랜 수용소 생활로 많이 줄어 있었기 때문에 아주 조금밖에 먹지 못했다. 그 병사가 "실컷 먹고 남겨"라고 했지만, 음식을 남기는 일은 나로서는 도저히 생각지도 못할 일이었다.

그러고 나서 나는 두 병사와 함께 차를 타고 공항을 나와 칠흑 같은 어둠 속을 달리기 시작했다. 시가를 빠져나와 좁은 길을 기듯이 내려가니 전형적인 중국 가옥 문 앞에 도착했다. CIM 센터인 것을 알아차리고 나는 급히 뛰어가 문을 두드렸다. "문 열어 주세요!" 소리 치는 동안에 황급한 발소리가 들려왔다. 문이 열리자 아버지가 서 계셨다.

아버지는 어처구니없다는 표정으로 순간 말을 잃었다. 헤어질 때 열한 살이었던 아들이 열여덟 살 청년이 되어 미군 제복을 입고 미군 사이에 끼여 어둠 속에 서 있었던 것이다. 나는 아버지께서 혼란스러워하시는 것이 당연하다고 생각했다. "아버지, 스티븐이에요!" 아버지는 뒤를 돌아보며 "스티븐이 살아 있었어요!" 하고 큰 소리로 외쳤다. 어머니와 다른 많은 선교사들에게 둘러싸여 정신없는 동안 나를 데려다준 병사는 어느새 사라져버렸다.

다음 날 아침, CIM 비서가 나를 불러 수용소에 있던 다른 사람들의 근황을 물었다. 그리고는 내 짐을 검사한 뒤 이와 벼룩이 우글대서 전부 태워야 한다고 했다. 아버지는 나를 영국군 사령부로 데리고 가서 여권 갱신 수속을 밟았다. 길 가는 도중에 아버지는 "체중도 많이 늘었구나" 하고 말했다. 열여덟 살이었던 나의 체중은 그 당시 40킬로그램을 넘었다. 칼슘 부족으로 다 망가진 치아를 제외하고는 몸 상태도 좋았고, 기분도 좋았다.

오스트레일리아에서의 새로운 생활

Take the torch shining in the Dark

그후 우리는 인도 캘커타로 이동하게 되었다. 그곳에 원조시설이 있었던 것이다. 부모님은 일반 시민이었지만, 나는 포로 신분이었기 때문에 별도의 비행기로 가야 했다. 아버지와 어머니가 출발한 다음 날 나는 영국 비행기로 캘커타로 떠났다. 다른 수용소에서 해방되어 나온 아주머니와 2명의 아이 외에 승객은 나 혼자였다. 비행기가 갑자기 내려가다가 바람에 흔들리다가 했기 때문에 아이를 데리고 함께 탄 아주머니는 '수용소에서 4년 동안 지내다가 겨우 살아 남았는데 비행기 사고로 죽는 건 아닐까' 하고 두려워했다.

인도 공항에서는 부모님이 걱정하시면서 나를 기다리고 계셨다. 그곳 공항에서 마신 홍차 맛을 나는 잊을 수가 없다. 그날 하루 종일 아무것도 먹지 못했던 것이다.

우리는 캘커타에 가서 나는 원조시설로, 어머니는 성서협회 시설로 숙소 배정을 받아 안심했다. 당시 영국은 독일의 폭격으로 큰 손실을 입어 회복되지 못했고, 오스트레일리아는 이민자를 구제해 주고 있었기 때문에 영국과 오스트레일리아 양 정부는 영국 사람들에게 오스트레일리아로의 이주를 장려하고 있었다. 누나 루스도 오스트레일리아에 있었기 때문에 우리 가족은 오스트레일리아에서 새로운 생활을 시작하게 되었다. 인도에서 오스트레일리아로 갈 때도 일반 시민인 부모님과 포로 신분이었던 나는 따로 이동해야 했다.

누나가 있는 애들레이드 공항에 혼자 도착한 내게 공군 지프 운전병이 "자네 누나가 살고 있는 곳까지 태워다줄게"라고 말했다. 긴 운전 끝에 잡화점 앞까지 오자 "여기가 그 주소다" 하면서 나를 그곳에 내려놓았다. 할 수 없이 가게 안에 들어갔는데 붉은 얼굴을 한 살찐 남자가 나왔다. "실례합니다. 루스 메트카프를 찾고 있는데요"라고 하자, 살림집 쪽으로 돌아가라고 했다.

말한 대로 집을 찾아 현관 벨을 눌렀고, 문을 열고 나온 노부인에게 "나는 스티븐 메트카프입니다. 누나 루스 메트카프를 만나러 왔습니다"라고 말했다. 그 노부인은 "잘 왔어요. 안 올지도 모른다고 생각했어요. 아무 소리 없어서요" 하며 집 안에 있는 사람에게 "이봐요, 스티븐이에요. 미국 병사인 줄 알았지 뭐예요" 하고 소리 질렀다. 집 안에는 어머니 친구이자 누나가 중국을 떠날 때

맡아 주겠노라고 했던 루스 하틀레이와 그 언니가 있었다. 루스도 같은 말을 했다.

"네가 올 것이라고 생각은 했지만 아무 소식이 없어서 잘 몰랐어."

누나에게 전화를 할 수 있냐고 묻자 루스 하틀레이는 "걸어보자. 누나는 지금 병원에서 일하고 있어. 직장이 멀어서 요즘은 자주 못 만났지" 하면서 전화를 걸어주었다. 조금 있다가 수화기를 들었더니 수많은 질문으로 가득 찬 누나가 수화기 저편에서 기다리고 있었다.

"왜 아무한테 말하지 않고 갑자기 왔니. 일이 끝나면 빨리 갈 테니 쉬면서 기다려라."

몇 분 통화로 전화를 끊자 갑자기 통제할 수 없는 감정이 북받쳐올라 그만 울고 말았다.

진로를 찾아서

Take the torch shining in the Dark

애들레이드에 있던 누나와 나는 가족끼리 살 집을 찾기 시작했다. 전쟁이 끝나고 많은 사람들이 오스트레일리아로 옮겨 오는 시기였기 때문에 직장을 구하는 것만큼이나 집을 구하기도 어려웠다. 같은 이유로 아버지와 어머니는 인도에서 오스트레일리아로 오는 배를 예약하는 데 애를 먹었다. 부모님이 겨우 배를 탈 수 있게 되어 오스트레일리아에 도착하기 바로 전에 누나와 나도 집을 구하게 되었고, 현관과 부엌을 다른 두 가구와 공동으로 사용하는 집이었다.

이 집에 함께 살고 있던 가족 중에 나보다 두 살 위이고 타이피스트인 도트(Dot)라는 여자가 있었다. 그녀는 늘 나와 얘기를 하려고 내 주위를 서성였다. 도트가 몇 주인가 집을 떠나 있을 때 내게 긴 편지를 보냈고, 나는 그녀가 나를 좋아한다는 것을 알게 되었다. 나도 그녀에게 호감을 갖고 있었기 때문에 우리는 서로 사귀게 되었다.

부모님이 CIM의 소개로 94세 되신 노인을 보살피는 대신에 그 집에 살게 되어 우리 가족은 또다시 헤어져 지내게 되었다. 아버지는 70세가 넘었기 때문에 이제 은퇴해도 될 나이였지만 스스로 하지 못한 일－신약성경을 리스어로 번역하는 일－을 어떻게든 완성하고 싶어하셨다. 그래서 중국에 돌아가서 이 일을 마칠 수 있도록 CIM에 요청했고, 그것이 허용되어 중국으로 돌아갈 준비를 시작하셨다.

나도 나 자신의 장래를 진지하게 생각해야 할 때가 되었다. 에릭 리델의 장례식 때 품었던 '만일 살아서 이 수용소를 나갈 수 있다면 선교사가 되어 일본에 가리라' 고 한 생각이 마음 깊숙한 곳에 자리잡고 있었다. 하루빨리 수입을 얻기 위해 과수원과 포도원에서 아르바이트를 하기도 했고, 중국에 있었던 당시의 친구와 다시 만나서 여행도 하고 기독교 집회에 참가해서 큰 영향을 받기도 했다. 그러나 지금 생각하면 이 시기는 포로 생활을 벗어난 재활과 그후의 긴 선교사 생활에 필요한 기초를 쌓는 소중한 6년간이었다.

도트와는 아르바이트를 위해 떨어져 있어야 했지만 가끔 만나서 교제를 했는데, 그녀는 선교사 부인이 될 생각은 없었지만 결혼은 차차 하고 싶다고 생각했던 것 같다. 나보다 두 살 연상이었던 그녀의 친구들은 하나둘 결혼했다. 하지만 나는 아직 그녀와 결혼할 결심이 서지 않았다. 어느 날 갑자기 도트가 편지를 보내왔는데, 다른 사람이 생겨서 머지않아 결혼할 거라고 했다.

나는 몹시 놀랐다. 마음에 상처를 받았을 뿐만 아니라 그 충격이 몸에까지 영향을 미쳐 장염에 걸려 계속 구토를 하다가 결국은 1주일 동안 입원까지 하는 신세가 되었다. 그 병실에는 내가 교회학교에서 가르쳤던 소녀가 옆 침대에 있었기 때문에 나는 필사적으로 평정을 잃지 않은 척했다.

그후 3개월 동안 나는 부모님과 누나에게 편지를 쓸 수 없었기 때문에 부모님이 매우 걱정을 하셨다. 누나가 부모님을 얼마나 걱정시키고 있는지 아느냐고 잔소리를 하는 편지를 보내 와서 나는 장문의 편지를 보냈다. 그런데 부모님도, 누나도 내가 얼마나 상처를 입었는지, 얼마나 고독에 빠져 있는지는 정말로 이해하지 못하는 것 같았다.

그후 얼마 있다가 CIM으로부터 유명한 설교자를 초청한 기독교 집회가 있다는 통지를 받고 집회장소로 가는 버스가 출발하기 직전에 아슬아슬하게 올라 타 딱 한 자리 비어 있는 좌석에 앉았다. 그런데 그 순간 숨이 멎을 정도로 놀랐다. 옆 좌석에 앉아 있던 사람은 도트였다. 만감이 교차했다. 그녀의 손을 잡았는데, 그녀의 손에는 약혼반지가 끼워져 있었다. 도트는 손을 빼면서 말했다.

"이제 이전과 달라요. 지금도 당신은 친구로 좋아하고 있어요. 앞으로도 좋아할 거예요. 당신과의 우정은 나에게 좋은 영향을 주었어요. 하지만 이제 옛날로 돌아갈 수 없어요. 당신한테 소개하고 싶은 사람이 있어요. 알타임에서 하나님을 위해서 일하고 싶어하는 사람이에요."

나는 그동안 내가 얼마나 괴로워했는지 한 마디도 하지 않았다.

일본으로!

Take the torch shining in the Dark

몇 주 후 다른 집회에 참석했던 나는 남미 볼리비아에서 이루어지는 전도에 대해 이야기를 들었다. 안데스 작은 부족의 사진을 보았을 때 내 마음은 중국의 산을 날아다녔고, 리스 촌을 그리워했다. 선교사가 된다고 한다면 상식적으로 생각할 때 내가 가야 할 곳은 중국 오지 산악지대일 것이다. 나에게 고향이기도 한 그 지역이라면 말도 배울 필요가 없다. 하지만 나는 집에 돌아와서 이렇게 기도했다.

"하나님, 당신이 가라고 하시는 곳이라면 어디든지 가겠습니다." 이렇게 내가 가야 할 곳을 위해 기도한 직후에 나는 미국 맥아더 장군의 연설을 라디오 방송에서 우연히 듣게 되었다. 그는 기독교인으로서 패전 후 일본이 지금 많은 선교사를 필요로 하고 있다고 호소했다. 그때 그 연설은 내게 하나님의 음성처럼 들렸다. 그 수용소에서 “만일 살아서 나갈 수만 있다면 일본에 가겠습니다”라고 했던 때의 기억이 생생히 되살아났다. 드디어 내가 가야 할 길이 보이기 시작했다.

그후로 나는 신학교에 다녔고, 신학생으로서 시골 작은 교회를 섬기면서 설교를 하기도 하며 선교사가 되기 위한 구체적인 준비를 하고 있었다.

신학교 기숙사 룸메이트도 선교사가 되어서 일본에 가려고 하는 학생이었다. 그의 권유로 우리는 일주일에 한 번 일본을 위해 기도하게 되었다. 나는 리델이 가르쳐 준 것을 생각했다. 그리고 이때 내 생애는 일본인들에게 하나님의 사랑을 전하기 위해 존재한다는 최종적인 확신을 얻게 되었다.

아버지와 어머니가 다시 돌아간 중국에는 공산주의 물결이 휘몰아쳤다. 기독교가 철저히 박해를 받고, 선교사들이 추방되었다. 아버지가 번역을 마친 리스어 신약성경도 몇 번이나 빼앗겼지만 그때마다 되돌려 받았다. 어떤 때는 공산당원 한 명이 아버지가 신약성경을 가지고 계신 것을 알아채고 군중 앞에서 아버지를 모독하려고 “이런 것을 가지고 있다니, 너는 스파이 맞지? 이 중국에 얼마나 오래 있었나?” 하고 윽박질렀다. 아버지가 조용히 “45년째요. 당신은 몇 년 됐나요?” 하고 대답하시자 군중들이 크게 웃었다. 그 공산당원은 20대 전반의 젊은이였기 때문이다. 그는 버럭 화를 내며 성경을 진흙탕 속에 던져버렸다. 아버지는 무릎을 꿇고 그것을 집어들었고, 이때도 귀중한 성경은 무사히 아버지 손에 되돌아왔다.

하나님께 받은 사명을 다 마친 아버지와 어머니는 멜버른으로 돌아가 이전에 살고 있던 집에 다시 살게 되셨다. 그러나 이번에는 누나 루스와 내가 거의 같은 시기에 오스트레일리아를 떠나려고 하던 참이었다.

선교사로서 태국에 가려고 하는 누나와, 일본으로 가는 나의 파송식이 합동으로 열렸다. 부모님과는 멜버른 역에서 헤어졌다. 교회에서 많은 사람들이 전송을 나와 주었고 플랫폼은 붐볐다. 그것이 도리어 부모님께 이별을 고하기 쉽게 해주었다.

열차가 움직이기 시작했을 때 뒤돌아보니 아버지의 모습을 볼 수가 없었다. 조금씩 열차의 속도가 붙기 시작했을 때 아버지가 플랫폼 끝에서 손을 흔들고 있는 모습이 눈에 띄었다. 그것이 이 지상에서 아버지를 본 마지막 모습이었다.

나중에 어떻게 가족과의 이별을 견뎌냈는지 어머니에게 물었을 때 어머니는 이렇게 대답하셨다.

"어떤 사람에게는 가족이라는 관계가 이 땅의 일이지. 하지만 우리에게 그것은 영원한 것이야. 헤어져 있어도 기도로 다가갈 수 있지. 지상에서의 생명을 마친 후에도 천국에서 반드시 재회할 수 있다는 믿음이 언제나 가족과 헤어질 때에도 견디게 해주었단다."

드디어 하나님이 원하신다고 확신할 수 있는 길을 걷기 시작한 나는 기대에 부풀어 있었다.

어둠 속에 빛나는 등불을 들고

제3장 언제나 일본을 사랑합니다

첫 만남 일본 | 마을 사람들과의 교류 | 선교지 아오모리(青森)로 | 피부 속의 아름다움 | 아버지의 죽음 | 결혼, 그후로 아내와 함께 | 평화가 샘솟는 곳 | 시련 | 자식인가, 사역인가 | 일본인은 너무도 모른다 | 행동하는 일본인 | 언제나 일본을 사랑합니다

첫 만남
일본

Take the torch shining in the Dark

1952년, 나는 스물다섯 살이었다. 꿋꿋이 살아 남게 된다면 일본에 가리라고 생각했던 날로부터 이미 7년이나 지났다. 일본으로 가기 위해 올라 탄 배에는 앞으로 한국전쟁에 참전할 젊은 영국 병사들이 300명 정도 타고 있었다. 그들은 일본군의 포로였던 한 남자가 선교사가 되어 일본으로 가는 것을 보고 모두 놀랐다.

어느 일요일, 한 장교로부터 병사들에게 뭔가 이야기를 해 달라는 부탁을 받았다. "여러분은 지금 총을 가지고 평화를 찾으려고 한국으로 가고 계십니다. 그러나 저는 일본으로 가고 있습니다. 전쟁은 끝났지만 평화는 아직 오지 않았기 때문입니다. 저는 성경을 가지고 일본에 가서 가르치려고 합니다. 예수 그리스도야말로 평화의 주님이시기 때문입니다"라고 말했다.

내 이야기를 듣고 나를 전쟁을 반대하는 이상주의자로 생각했던 이들도 많았을 테지만, 한두 병사는 더 이야기를 듣고 싶다며 나중에 개인적으로 찾아왔다. 그때 그들과 어떤 이야기를 나누었는지는 잊어버렸지만 20세가 채 안 된 젊은 그들이 앞으로 자신이 사람을 죽일지도 모른다며 두려워하던 표정을 지금도 잊을 수 없다.

히로시마 남쪽의 항구 구레(呉)에서 내린 다음 날 40분 정도 버스를 타고 히로시마에 갔다. 그것이 일본과의 첫 만남이었다. 예상과는 달리 전쟁의 흔적은 거의 눈에 띄지 않았다. 여기저기서 사람들이 손수레와 자전거에 물건들을 쌓아 끌고 갔다. 그렇지 않은 사람들은 모두 보자기에 짐을 싸서 들고 다녔다. 히로시마는 활기가 넘치는 도시였다.

그후로 나는 원폭 돔을 보러 갔다. 막 문을 연 기념관이라 아직 정리되지 않아서 자잘한 것들이 전시되어 있을 뿐이었다. 거리에서 심한 화상 흔적이 있는 사람들과 구걸을 하는 사람들도 만났다.

내가 처음 '히로시마'라는 지명을 들은 것은 수용소에 있을 때였다. 그곳에 떨어진 '원자폭탄'이라는 것이 내게는 순식간에 자유를 가져다주었다. 그렇지만 그때 일본에서 일어난 것은 참혹함 그 자체였다.

히로시마에서 만난 사람들은 예의 바르고 친절해 보였지만, 나는 아직 일본어를 전혀 몰랐기 때문에 교제다운 교제를 할 수 없었다. 맛있어 보이는 둥그런 빵을 사먹어 보았더니 속에 엄청나게 단 앙코라는 것이 들어 있어서 깜짝 놀랐다. 그것이 앙코빵이고, 일본에서는 아주 인기 있는 빵이라는 것을 나중에 알았다. 그러는 동안에 시간이 되어 나는 배에 올라탔다. 이렇게 처음 발을 디딘 일본의 첫 여행은 끝이 났다.

다시 배에 오른 뒤 이번에는 고베(神戸)에서 하선했는데, 내가 소속된 선교단체 OMF(CIM의 현재 명칭)의 비서 아더 케네디가 마중하러 나왔다. 그가 항구에 정박해 있는 배에 올라와서 "이 배에 메트카프라는 남자분이 계십니까?" 라고 물어왔는데 "메트카프는 구레에서 내렸어요" 하고 누군가가 대답하자 그는 실망한 듯 그대로 돌아가려고 했다. 이 배에는 두 명의 메트카프가 타고 있었는데, 다른 한 사람인 메트카프가 구레에서 내렸던 것이다.

무사히 아더 케네디를 만날 수 있었던 나는 거의 하루 걸려서 세관 통과 수속을 마치고 저녁이 되어서야 겨우 도쿄(東京)행 증기 기관차를 탈 수 있었다. 이제 도쿄를 경유해서 일본어 학교가 있는 가루이자와(軽井沢)로 향해야 했다. 난방이 없는 열차는 추웠다. 자리에 앉은 채 하룻밤을 보내야 했던 우리는 다음 날 아침 추위에 떨면서 눈을 떴다.

도쿄 역을 나서 아침식사를 하기 위해 레스토랑에 들어갔다. 외관은 그럴싸하게 좋은 레스토랑이었지만 메뉴는 콘수프뿐이었다. 미국이 구호물자로 대량의 옥수수를 일본에 보내고 있었기 때문이다. 어쨌든 따뜻한 음식을 먹을 수 있어서 다행이었다.

그러고 나서 아더를 따라 황거(皇居, 천황이 사는 곳)와 마루노우

치 빌딩 등을 관광한 후에 목적지인 가루이자와로 향해 붐비는 열차에 올랐다. 당시 가루이자와는 일본의 여름 무더위를 견디지 못하는 외국인 비즈니스맨이나 선교사들의 피서지였다. 그래서 건물이 겨울 추위를 견딜 수 있도록 난방 장치가 되어 있지는 않았지만 전쟁 후에는 주거지가 부족했기 때문에 일본에 도착한 지 얼마 안 되는 선교사들은 일 년 내내 여기에 살면서 일본어를 공부했다.

나도 작은 집을 숙소로 배정받았다. 나보다 먼저 일본에 와 있던 룸메이트 데이비드와 덕이 일본어로 인사했다. 그들은 항상 영어에 막 배운 일본어를 섞어가면서 이야기했다. 나도 도착한 다음 날 일본어 교재를 받아 일본어를 익히기 시작했다.

가루이자와에서 처음으로 혼자 쇼핑하러 갔을 때의 일이 기억난다. 일본어 공부에 쓸 문방구 용품을 사러 가서 유리 상자에 들어 있던 펜을 보고 있었는데, 가게 여주인이 환한 얼굴로 "펜을 찾으세요?" 하고 물었다. '펜' 이라는 말을 듣고 내가 놀라서 "영어 할 줄 아세요?" 하고 묻자 그녀는 손을 내저었다. 다음에는 지우개를 보고 있었더니 이번에는 "이레이저 찾으세요?" 라고 하기에 또 놀라서 "불어 할 줄 아세요?" 했더니 역시 그것도 아닌 모양이었다. 일본어에는 외국어 명사를 그대로 발음해서 사용하는 경우가 많다는 것을 그때 알았다. 쇼핑을 마치고 가게를 나서려고 하자 그녀가 "또 오세요" 라고 인사를 했다. 나는 그 말이 "안녕히 가세요" 라는 의미일 것이라고 추측해서 나도 "또 오세요" 하고 인사를 해 웃음거리가 되었다.

처음엔 일본어 공부 때문에 정말 힘들었다. 일본어가 어렵다는 것은 우리가 일본어 선생님에게 "그렇지 않아요"라는 별명을 붙여 주었던 것만으로도 충분히 알 수 있을 것이다. 그녀는 수업 중에 우리가 말하는 것마다 "그렇지 않아요" 하고 말했다.

한 강좌에 2시간씩 레슨을 12회 받은 뒤에 시험을 보았는데 떨어졌다. 열심히 공부했기 때문에 내게는 쇼크였다. 더군다나 그 다음부터는 지금까지 해 왔던 일본어 공부를 또다시 그대로 되풀이해야 했다. 그러나 여기서 포기할 수는 없었다. 나는 필요하다면 할 수 있을 때까지 해야 한다고 생각했다. 선생님이 시키는 대로 다시 배웠고 다시 시험을 보아 합격했다. 이러한 시행착오 끝에 일본어 실력도 많이 늘었다.

▲ 1954년 아오모리현 아사 도코로에서 선교단체 OMF 컨퍼런스

마을 사람들과의 교류

Take the torch shining in the Dark

일본어를 한창 익히고 있을 때 룸메이트인 데이비드와 덕이 차를 빌려 와서 전도여행을 떠나자고 했다. 얼어붙은 길 때문에 고생이 예상되었지만 어쨌든 출발했다. 길은 아주 좋지 않았으나 경치는 최고였다. 눈 쌓인 산 정상이 파란 하늘을 배경으로 우뚝 솟아 있었다. 잎이 다 떨어진 감나무에 보기 좋게 감이 열려 있는 풍경에 마음을 빼앗겨버렸다. 정말 중국에 있을 때를 추억하게 만드는 풍경이었다.

마을에 도착한 후 우리는 성경의 일부를 소책자로 만든 쪽성경을 나누어주었다. 당시 많은 사람들은 그것을 잘 받아주고, 읽어주었다. 그러고 나서 작은 식당에서 대접 위에 담긴 밥 위에 계란을

풀어 양념한 포크커틀릿이 올려져 있는 것을 먹었다. 가쓰돈이라는 이 음식은 그후에도 자주 먹었다. 그곳에서 먹은 떡도 내가 어렸을 때 중국에서 먹은 그리운 음식이었다.

전도여행을 마치고 우리는 꽁꽁 얼어 파김치가 돼서 숙소로 돌아왔는데, 이 작은 전도여행은 내게 큰 자극을 주었다. 혼자서라도 많은 일본인에게 하나님의 말씀을 전하고 싶다는 바람이 내 마음속에서 훨씬 더 강해졌는데, 다음번에는 정말 혼자 나가게 되었다. 당시 나는 독신이었고, 시간도 충분했기 때문에 주말마다 군마(群馬)와 나가노(長野) 마을에 쪽성경과 기독교 교리를 정리한 소책자를 가지고 갔는데, 일본어도 아직 충분히 알지 못하고 일본의 풍습도 몰랐던 나로서는 많은 실수도 했다. 사람들이 웃기도 했고, 나중에 혼자 생각해도 절로 웃음이 나오는 짓도 몇 가지 했지만, 나는 그렇게 하면서 일본과 만났다.

하루는 오래된 여관에 가서 하룻밤 숙박과 그날 저녁을 부탁한 적이 있었다. 여관의 여주인은 나를 방으로 안내하면서 “변변치 않은 것이지만”이라는 말을 여러 번 반복했다. 보통 여관에 머물 때에는 저녁과 아침식사가 딸려 나오는 것을 알고 있었지만 더듬거리는 일본어로 “밖에서 먹고 왔으니까 괜찮아요” 하고 말한 뒤에 근처 가게에서 우동을 사먹고 숙소로 돌아왔다.

방에 돌아온 나는 깜짝 놀랐다. 작은 테이블 가득히 산나물 요리를 메인으로 한 진수성찬이 놓여 있었기 때문이다. 아까 그 여주인이 차를 가지고 방으로 들어오면서 “변변치 않은 것이지만 많이 드세요” 하고 말했는데, 그때서야 나는 “변변치 않은 것이지만"이라는 일본어 특유의 겸손한 표현의 진짜 의미를 알게 되었다.

어떤 여관에 묵었을 때는 욕조가 나무욕조였다. 일본인들조차 요즘의 젊은 사람이라면 나와 똑같은 실수를 할 것이다. 나무욕조에는 철재로 만든 둥그런 욕조통에 나무판이 올려져 있었다. 이상한 나무판이라고 생각하면서 그 판을 치우고 속에 들어간 나는 발바닥에 화상을 입을 정도로 욕조가 뜨거워서 깜짝 놀라 뛰쳐나왔다. 그후 철재 욕조 위에 놓인 나무판의 용도를 알게 되었고, 그 나무판을 다시 욕조에 띄워 그것을 밟고 욕조 속에 들어갔다. 갑자기 선교사가 식인종에게 잡혀 큰 냄비 속에서 데쳐지는 만화를 연상하기도 했다.

그날 밤 잠자리에 들려고 할 때 주인 나카이 씨가 찾아와서 "당신을 보고 싶어하는 사람이 있어요" 하고 말했다. 이런 곳에 나를 만나러 온 사람이 있다는 것을 의아해하며 나가 보니 처음 보는 20세 정도의 농촌 청년이었다. 그는 서양 기독교인이 묵고 있다는 소문을 듣고 찾아온 것이었다. 정중하게 인사를 한 그는 가지고 온 성경을 꺼내 거기에 쓰여 있는 의미를 가르쳐 달라고 했다.

그 순간 나는 눈이 번쩍 뜨였다. 이것이야말로 내가 일본에 온 목적이다. 많은 소책자를 가지고 시골 마을을 찾아가는 것이 내 목적이다. 나는 영일 대역 성경을 보여주면서 서툰 일본어로 열심히 설명했다. 하나하나 사전을 펼쳐가면서 설명해야 했기에 힘은 들었지만 내가 이야기를 마칠 때마다 그 청년은 새로운 질문을 던져왔다.

밤 12시가 되었을 즈음에 지친 나머지 머리가 멍해져서 “기도하고 마칩시다. 오늘은 이만 잠자리에 듭시다” 하고 말하자 그가 자기도 기도하고 싶다고 말했다. 나는 너무 기뻐서 그렇게 하자고 하며 태어나서 처음으로 일본어로 기도했다. 그 내용은 하나님만 알아들으실 정도였다. 내가 기도를 마치고 그의 순서가 되자 그는 아주 인상적인 말을 하였다. “어느 하나님께 기도할까요?” 그의 말을 통해 나는 일본에는 여기저기 그들이 섬기는 신이 아주 많이 있다는 것을 알게 되었다.

신약성경 사도행전에 이와 흡사한 이야기가 나온다. 그리스 아테네에서는 많은 신에게 제사를 지내는데, 그 중에 잊혀진 신이 있으면 안 되므로 “알지 못하는 신에게”라고 새겨진 제단까지 있었다는 것이다. 그것을 본 바울은 “너희가 알지 못하고 위하는 그것을 내가 너희에게 알게 하리라 우주와 그 가운데 있는 만물을 지으신 하나님께서는 천지의 주재시니 손으로 지은 전에 계시지 아니하시고”(행 18:23-24)라고 말했다.

나는 이 성경구절을 보여주면서 천지의 조물주이신 유일신에게만 기도할 수 있다고 그에게 설명했다. 그러자 그는 “아무도 본 적 없는 신한테 말입니까? 나도 그런 하나님은 몰랐습니다. 부처님도 다른 신들도 인간이 만든 것이지만, 이 하나님은 인간이 만든 것 가운데 계시지 않는군요. 모든 것을 만든 하나님이시란 거죠? 나는 이제부터 그 하나님께 기도하겠습니다”라고 했다. 그가 뭐라고 기도했는지 내 일본어 실력으로는 이해할 수 없었다. 그러나 그가 기도를 마치고 난 몇 분 후에 나는 그가 정말로 하나님을 이해하고 믿고 있다는 것을 확신했다. 내 마음은 기쁨에 떨리고 있었다.

다음날 새벽 5시경 그는 밭일을 나가기 전에 또다시 찾아와서 “나는 다시 태어났습니다” 하고 아주 행복한 듯이 말했다. 그리고 그날은 토요일이었기 때문에 다음 날인 일요일에 그와 함께 교회에 갔다. 그리고 그후에도 편지 등을 통해서 그와 교제를 계속했다.

선교지 아오모리(靑森)로

Take the torch shining in the Dark

드디어 가루이자와에서 2년간의 일본어 공부가 끝나고 선교사로서 본격적으로 일할 곳으로 파송받게 되었다. 내가 사역할 선교지는 아오모리였다. 하지만 아오모리에 있는 어느 교회에 가서 사역하라는 것은 아니었고, 아오모리 현 전체를 조사해서 어떤 전도를 할 수 있는지 가능성을 조사하라는 것이었다.

처음 10일간은 상사인 스트리트 씨와 통역자와 나 이렇게 세 명이 아오모리 현을 여기저기 다니면서 어디에 어떤 교회가 있고, 어떤 식으로 협력할 수 있는지 등등을 조사하며 돌아다녔다. 열흘이 지났을 때 스트리트 씨와 통역자는 돌아가고 나 혼자 행동해야 했다. 아오모리 시의 고쇼가와하라(五所川原), 아지가사와(鯵ケ澤),

미사와(三沢), 하치노헤이(八戸), 가나기(金木) 등지를 찾아다니면서 신도는 물론이고 비신도들과도 여러가지 이야기를 나누고 돌아와서 그 결과를 선교사 단체회의에서 서로 공유했다. 그 결과, 큰 도시뿐 아니라 작은 마을과 마을로 전도해 나가자는 방침을 세웠다. 나의 첫 부임지는 가나기라는 마을로 정해졌다.

가루이자와에서 2년 동안 일본어를 공부했지만, 아오모리에서 사용되는 일본어는 또 다른 것이었다. 그 고장 사람들은 "우리는 사투리 안 쓴다"고 말했지만 말이다. 먼 옛날, 아버지가 남경에서 중국어를 배운 뒤에 리스 촌에 들어갔을 때 다시 기초부터 리스어를 배우셔야 했던 것과 같은 체험을 나도 하게 되었다. 실제로 나는 쓰가루(津軽) 사투리 사전을 만들어 보았다. 나는 이렇게 악전고투하면서 일본어, 쓰가루 사투리를 익혀 나갔지만, 나중에 결혼해서 아이가 태어났을 때 아이들은 쓰가루 사투리가 모국어가 되었

▲ 1954년 일본어를 공부 중이었던 캐나다에서 온 친구 돈 모리스. 우리는 다다미 방의 낮은 책상에 앉았다.

다. 아이들이 조금씩 자라자 내가 남들 앞에서 말하는 일본어를 듣고 "아빠, 말이 어색해요, 창피해요"라고 했다. 그 아이들은 유치원에서는 쓰가루 사투리를 쓰고, 집 안에서는 영어를 했지만 형제들끼리 싸울 때는 쓰가루 사투리로 말다툼을 했다.

가나기에 와서 얼마 지난 뒤, 신문에 우리의 활동이 소개된 적이 있었다. 그것을 보고 어떤 고등학교 교장선생님이 나를 찾아왔다. 그는 "패전 후 지금 이 시대에 일본은 크게 변해 가고 있습니다. 이런 시기에 젊은이들에게 기독교가 필요하다고 생각합니다. 꼭 우리 아이들과 학생들에게 기독교 이야기를 들려주십시오"라고 했다. 그래서 나는 학교와 교장선생님 집에서 하나님의 말씀을 전했다.

후에 그에게 이렇게 물었다.

"당신이 이 땅을 떠나게 될 때 당신은 어떻게 하시겠습니까? 보통 장례는 불교식으로 하고 집에는 불단을 모시겠지요. 자녀들에게 기독교를 가르치고 있는데 이런 문제는 어떻게 해결하실 생각이신지요. 제일 좋은 건 당신 자신도 기독교인이 되시는 겁니다."

그러자 교장선생님은 천천히 "알겠습니다" 하고 고개만 끄덕이다가 정중하게 "차차 믿어보겠습니다" 하고 말했다. 그리고 그 말대로 그 교장선생님은 그후 20년에 걸쳐 기독교가 믿을 가치가 있는 것인가를 계속 생각했다.

나는 아오모리를 떠나 홋카이도로 가서 일하다가 다시 아오모리로 돌아왔다. 오랜만에 아오모리에 돌아오자, 알고 지내던 사람이 "선생님, 그 교장선생님 기억나세요? 선생님을 만나고 싶어하셨어요"라고 했다. 나는 "물론 기억하지요. 계속 기도하고 있었는걸요" 하고 대답하고 바로 그분을 만나러 갔다. 그리고 일주일에 두 번씩 그분과 함께 성경공부를 하게 되었다.

그리고 얼마 지나서 그분이 역 계단에서 굴러떨어져 입원했다는 소식을 듣고 나는 급히 병원으로 갔다. 상처가 심했고, 하반신이 마비가 되었다. 그분은 내 얼굴을 보자 "선생님, 예수님을 믿기에 늦었나요" 하고 물었다. "절대 그렇지 않습니다"라고 대답하고, 그후 6주 동안 계속 병문안을 갔다. 병문안을 갈 때마다 함께 기도하고 찬송을 불렀다. 가족과도 충분한 시간을 보내고 있던 그분은 심한 상처를 입고 있었지만 평안해 보였다. 그러나 얼마 후 그분이 세상을 떠날 때가 왔다.

모습이 급격히 변했다는 소식을 듣고 그분의 집에 달려갔는데 그분은 이미 돌아가셨고, 스님이 경을 읽고 있었다. 시신의 가슴 위에는 몸을 지켜준다고 하는 칼이 놓여 있었다. 죽기 전의 언행을 생각하면 이렇게 보내는 건 그분에게 어울리지 않는 것이었다. 그분은 분명 기독교식 장례를 원했을 것이라고 생각했다.

그러나 사모님이 기독교인이 아니었고, 그분에게는 고등학교 교장이라는 신분이 있었기 때문에 그 지방과 그의 지위에 걸맞는 장례식을 치르고 싶어했다. 불교식 장례와 기독교식 장례를 섞을 수는 없다고 가족에게 말하자, 먼저 불교식 장례를 치르고 그 다음에 아주 절친한 사람들끼리 모여 기독교식 장례를 하고 싶다고 해서 그 부탁대로 했다.

5일간에 걸친 불교식 장례 기간 동안 내 마음은 계속 편치 않았다. 그분은 기독교에 대해서 오랫동안 배우다가 예수 그리스도가 자신을 죄에서 구원해 주신 분이라는 것을 받아들였다. 그리고 이 지상에서 목숨이 끊어진다 해도 그리스도와 함께 영생할 수 있는 천국에 갈 수 있음을 확신했다. 장례식이야말로 그분의 신앙에 어울리는 형태로 해야 했는데…….

이윽고 불교식 장례가 끝나고 친한 사람들만이 모여서 장례식을 기독교식으로 드리게 되었을 때, 나는 그분이 어떻게 기독교를 믿게 되었는지, 무엇을 믿고 계셨는지에 대해 이야기했다.

그러자 장례식이 끝난 뒤에 아들이 찾아와서 울면서 이렇게 말했다.

"5일간의 장례식 기간 동안, 우리는 어두운 터널 속에 있는 것 같았어요. 희망을 가질 수 없었어요. 하지만 오늘 교회에 발을 들여놓고 아버님이 좋아하셨던 찬송을 불렀을 때, 우리는 그 터널에서 빠져나올 수 있었습니다. 지금은 아버님이 예수님과 함께 계시다는 걸 알게 되었어요."

그분의 마음에 찾아든 평화가 가족에게도 이해가 되었다는 것을 알게 되자 나도 마음이 놓였다.

일본군의 포로였던 내가 일본인에게 평화를 전하고 싶어서 일본에 왔다고 말하면 데모나 강연회, 아니면 여러 가지 평화운동을 하러 온 듯한 이미지를 가질지도 모른다. 그러나 내가 '평화를 전한다는 것' 은 그와 전혀 다른 것이다.

성경에는 하나님께서 처음 만드신 인간인 아담과 그의 아내 하와가 죄를 범하고 그후로 하나님과 인간 사이에 거리가 생기게 되었다고 쓰여 있다. 그리고 그 사이를 잇기 위해서 하나님이 자신의 독생자인 예수 그리스도를 이 땅에 보내셨고, 예수는 모든 사람의 죄를 사하시기 위해서 십자가에 달리셨다. 그 사실을 믿는 사람은 누구든지 하나님과 화해하게 되어, 인생이 끝난 후에도 영원히 죽지 않는 생명을 얻게 된다.

또한 하나님과 화해한다는 것은 사후뿐 아니라 인생을 근본적으로 바꾸어버리는 대단한 사건임을 의미한다. 그것은 용서할 수 없는 사람을 용서할 수 있는 힘을 얻게 하는 것이고, 본래 자기밖에 모르던 자기 중심적인 인간이 남을 생각하게 되는 것이기도 하다.

내게 있어서 평화란 바로 그 하나님이 주신 평화이다. 그리고 하나님과 화평한 자, 즉 남을 용서할 수 있는 사람, 사랑할 수 있는 사람이 여기저기서 한 명 두 명씩 늘어가는 것이야말로 세계에 평화를 가져오는 길이라고 믿고 있다. 그런 생각으로 나는 아오모리 여기저기의 길거리에 서서 하나님을 전하고 이 마을 저 마을로 찾아가 성경을 나눠주고 다녔다.

피부 속의 아름다움

Take the torch shining in the Dark

가나기에서 아오모리로 사역지를 바꾸고 나서 얼마 뒤 나는 시내에 있는 한센병 환우 시설을 찾아갔다. 어렸을 때 아버지가 선교하시던 리스 촌의 병원에는 많은 한센병 환자들이 찾아왔다. 아버지는 한센병의 감염력이 아주 약하다는 것을 알고 있었기 때문에 우리를 환자로부터 격리시키지도 않았고, 그들을 차별하지도 않으셨다. 그런데 당시 일본에서는 신약이 개발되어서 감염률이 매우 낮아졌고 감염을 걱정할 필요가 없는데도, 환자들에 대한 차별이 매우 심했다.

그 시설 안에는 교회가 하나 있었다. 어떻게 그 교회가 생겼는지 물었더니 K라는 환자를 소개해 주었다. 그는 한센병에 걸려 머리카락과 눈썹이 다 빠지고 손가락도 없어 잘린 나무토막처럼 되어 있었다. 이빨도 없었고 다리도 질질 끌었다.

그의 이야기에 의하면, 전쟁 중에 필요한 약을 구하지 못했기 때문에 환자들이 거의 다 죽었다고 한다. K씨만은 어떤 목사의 인도를 받아 기독교인이 되었는데, 그 목사는 전쟁 중에 천황을 신으로 숭배하는 것을 거부해서 옥에 갇혀 굶어 죽었다. 그러나 그 사건은 오히려 K씨를 확신에 찬 강한 기독교인으로 성장하게 했다. 그리고 환자들이 점점 죽어가는 것이 마음 아팠던 K씨는 어느 날 들판에 나가서 금식기도를 하기 시작했다. "제발 저의 동료들이 더 이상 영원한 생명을 주시는 하나님을 모른 채 죽지 않게 해 주세요" 하고 간절한 기도를 올렸다.

그의 기도에 또 한 명의 기독교인이 동참했고, 그후로 하나님을 믿는 사람들이 점점 늘어갔다. 그것이 이 교회의 시작이라고 했다. 내가 찾아갔을 때 그 교회에는 100명 이상의 교인이 있었다.

이 교회에는 한센병 환자가 아닌 특별한 과거를 가진 한 여성이 있었다. 은행원이었던 그녀는 대단한 미인이었는데, 어느 날 주변 사람들의 권유로 '미스 아오모리 콘테스트'에 나가서 우승했다. 그런데 그 시상식에서 비극이 일어났다. 우승하지 못한 다른 출전자가 그녀를 질투한 나머지 시상대 앞으로 걸어 나가는 그녀의 얼굴에 유산 한 그릇을 뿌려버렸다.

그녀는 구급차로 병원에 실려갔고 그후 몇 개월이나 입원해 있었는데, 얼굴에 심한 화상을 입어서 완치가 되지 않았다. 결국 그녀는 자살을 기도했다고 한다. 입원 중 그녀에게 어떤 목사가 찾아왔는데, 목사가 올 때마다 그녀는 모포를 머리 위에 둘러쓰고 이야기를 들으려 하지도 않았다. 그러던 어느 날 밤, 그녀는 라디오에서 기독교 방송을 우연히 듣게 되었다. 그 프로에서 "진정한 아름다움은 피부 위가 아니라 피부 속에 있다"라고 하며 "심령이 가난한 자는 복이 있나니 천국이 그들의 것임이요"(마 5:3)라는 성경 이야기를 소개했다. 그 말은 그녀의 마음속 깊은 곳에 파고들었고, 그녀는 성경을 더 읽어보고 싶다는 강한 소망을 갖게 되었다. 그후에 목사가 다시 병실을 찾아왔을 때, 그녀는 그런 이야기를 하고 목사의 가르침을 받으며 열심히 성경을 읽게 되었다.

결국 기독교인이 된 그녀는 그 사건 이후로 몇 년이 지난 어느 날, 자신의 얼굴에 유산을 끼얹은 사람을 만나러 갔다. 그리고 구약성경에 적혀 있는 이야기, 자신의 형제에게 배반당하고 노예로 팔려갔던 이집트의 총리 요셉이 "당신들은 나를 해하려 하였으나 하나님은 그것을 선으로 바꾸사"(창 50:20)라는 말씀을 인용하면서 이렇게 말했다.

"당신은 나에게 나쁜 일을 했지만 하나님께서는 내게 더 좋게 해주셨어요. 이 사건이 있었기 때문에 나는 하나님을 만날 수 있었어요. 그리고 행복, 만족, 용서를 알게 되었지요. 당신도 그것을 찾을 수 있어요."

안타깝게도 그녀에게 유산을 끼얹은 여인은 그녀의 용서의 말을 받아들이지 않았다고 한다. 그러나 얼굴에 심한 화상을 입은 그녀 자신은 진정한 평화를 가슴에 안고 행복하게 살아가는 모습을 나는 내 눈으로 보았다. 그녀의 옆얼굴 반은 그때에도 매우 아름다웠다. 하지만 반대쪽에서 보이는 절반의 옆얼굴은 상처가 남아 있어서 보는 사람들을 놀라게 했다. 그래서 그녀는 한센병 환자들이 모이는 교회에 다니고 있었다. 그곳에서는 아무도 그녀의 얼굴에 위화감을 갖는 사람이 없었다. 모두 그녀의 피부 속의 모습을 볼 수 있었기 때문이었다.

▲ 나환자를 위한 아오모리 마쓰가오카 호엔 교회

아버지의 죽음

Take the torch shining in the Dark

1955년 1월, 한 통의 국제전보가 날아왔다. 아버지가 전립선암에 걸려 병세가 위독하다는 내용이었다. 아버지는 어머니와 함께 선교단체가 마련해 준 실버 홈에서 살고 계셨다. 멜버른에 있는 그 시설에는 은퇴한 선교사 12명이 살고 있었다.

1954년 크리스마스 직전에 아버지는 자신의 겨울옷들을 커다랗게 꾸려서 한국의 가난한 사람들에게 보내셨다. 다음 겨울에는 더 이상 그 옷이 자신에게 필요없다는 것을 알고 계셨기 때문일지도 모른다. 그리고 크리스마스 직후에 소변을 보지 못하는 괴로운 증상이 나타나서 수술을 받으셨다. 그다지 성공률이 높지 않은 수술이라고 했는데 다행히 수술은 성공적이었다. 그러나 3일 뒤에 상태가 악화되었고, 아버지는 소천하셨다. 아버지는 어머니의 손을 잡은 채 조용히 숨을 거두셨다고 한다.

처음 받아든 전보에 바로 이어서 아버지의 죽음을 알리는 두 번째 전보가 날아왔다. 아직 독신이었던 나는 이 큰 슬픔을 누구와도 나누지 못하고 혼자서 견뎌야만 했다. 일찍이 체험해 본 적이 없는 고독이었다. 당시에 일본에서 오스트레일리아로 가려면 배로 6주일 걸렸기 때문에 장례식에도 참석하지 못했다. 나는 좌절하지 않게 해달라고 괴로운 중에도 기도드렸다.

그러나 머릿속에 성경구절이 떠올랐다. 그것은 하나님의 아들 독생자를 믿는 자마다 영생을 얻는다(요 3:16)는 말씀이었다. 하나님의 아들이란 예수 그리스도를 가리키는 것이고, 이 말은 미래형이 아니라 현재형으로 쓰여 있다. 즉 예수를 믿는 사람은 그 순간부터 영원한 생명을 가질 수 있다는 것이다. 아버지는 17세에 예수를 믿으셨다. 그때 영원한 생명을 얻었고, 지금도 천국에서 그 생명으로 살고 계신다. 나도 예수를 믿으니까 이미 그 영생을 소유하였다. 하늘의 고향으로 돌아가 반드시 아버지와 재회할 수 있다고 생각하자 마음이 평안해지고 위로가 되었다.

그 무렵 아버지로부터 온 마지막 편지가 배달되었다. 서두에는 "나의 앞날이 주의 손에 있사오니 내 원수들과 나를 핍박하는 자들의 손에서 나를 건져 주소서"(시 31:15)라는 성경구절이 쓰여 있고, 이제 수술을 받게 된다는 간단한 내용이었다. 훗날 어머니로부터 아버지의 마지막 모습을 알리는 아름다운 편지가 날아왔다. 아버지는 어머니의 손을 잡고 "이 죄인을 예수 그리스도의 이름으로 불쌍히 여겨 주십시오. 남아 있는 세 명의 가족에게 하나님의 축복을" 이라고 하시며 최후의 기도를 드렸다고 한다. 어머니가 마지막으로 관 속의 아버지에게 이별을 고했을 때, 아버지의 얼굴에 새겨져 있는 긴 세월의 노고와 노인의 흔적은 깨끗이 사라지고 평온한 표정에서 위엄조차 느껴졌다고 한다. 어머니는 그 얼굴을 보시고 아주 마음이 편해졌다고 하셨다.

결혼, 그후로 아내와 함께

Take the torch shining in the Dark

그 다음 해, 나는 아내가 될 한 여성을 만났다. 그녀는 아일랜드 출신의 선교사였다. 혼자서 선교사의 일을 감당하기에는 여러 면에서 힘들었는데, 한마음으로 함께 기도하고, 서로 도우며, 하나님 일을 해 나갈 반려자가 있다는 것이 얼마나 좋은 일인가! 그녀의 출신지는 내 어머니의 출신지와 같았고, 그 밖에도 여러 가지 공통점이 많았다. 또 나는 그녀에게 호의를 가지고 있었고, 무엇보다 그녀도 일본인에게 하나님을 전하기 위해 일부러 일본에 온 선교사였다. 나는 그녀와의 결혼에 대해 기도하게 되었고, 둘이서 이야기할 기회가 왔을 때 프로포즈를 했다. 하지만 그녀는 단호히 "No" 하고 대답했다.

그것은 분명 나를 실망시키는 사건이었지만 그 당시 나는 바빴고 먼저 처리해야 할 일이 산더미 같았기 때문에 그다지 마음 고생 없이 사역에 몰두하는 생활로 돌아갔다.

두 번째 프로포즈를 한 후 1년 가까이 지난 어느 겨울날, 나는 열차를 타고 고쇼가와하라에서 아오모리까지 가고 있었다. 몹시 눈이 많이 내리던 날이었기 때문에 열차가 도중에 멈추어 섰고 대여섯 시간 연착된다는 방송이 흘러나왔다. 기독교인이었던 여의사와 여성 목사 그리고 나, 이렇게 세 명이 그 열차에 타고 있었는데 아오모리에도 못 가고 고쇼가와하라로도 돌아갈 수 없다는 말을 듣고 나는 히로사키(弘前)에 아는 사람이 있으니 그리로 가자고 했다. 히로사키에 가는 열차만은 운행되고 있었기 때문이다.

실은 그 아는 사람이 혼자 사는 여성 선교사였고, 그녀와 함께 살고 있던 사람이 내가 프로포즈한 에블린이었다. 하지만 두 번이나 그녀에게 거절당한 나는 이제 그녀와의 결혼은 포기한 상태였고, 미련도 없었다. 그때 그 집에 갔던 것은 단순히 다른 선택의 여지가 없었기 때문이었다.

히로사키에 있는 선교사의 집에 도착하자 "열차가 묶여서 떠날 때까지만 신세 좀 지려구요" 하고 말했다. 그녀는 놀랐지만 "어서 들어오세요" 하며 흔쾌히 맞아주었다. 그때 안쪽 방에서 나온 에블린이 나를 보고 뭐라 말할 수 없는 복잡한 표정을 지었다. 그리고 "잠깐 드릴 말씀이 있어요"라고 했다. 다른 세 사람은 방에 들어갔고, 에블린과 나는 난로 있는 곳에 남았다. 그녀가 이렇게 말했다. "오늘 아침 나는 결혼에 대해서 계속 기도하고 있었어요. 그리고 하나님께 만일 내가 당신과 결혼해야 한다면 오늘 당신을 여기에 데려와 주시라고 기도했어요. 그런데 있을 수 없는 일이 이렇게 이루어졌으니 당신과 결혼하겠어요."

에블린은 휴일도 없이 오로지 일만 하는 나를 보고 자신과는 라이프 스타일이 다른 사람이라고 생각해서 프로포즈를 거절했던 것 같다(아내는 가정생활을 매우 중요시했다). 그러나 뭔가 신경이 계속 쓰여 거절한 뒤에도 기도하고 있었다고 한다. 그 해 7월에 우리는 결혼했다. 그후 아이를 5명이나 낳게 되는 복을 받았고, 지금도 행복한 생활을 하고 있다.

아내는 매우 따뜻한 성격의 사람이었고, 나와 함께 일하면서 많은 사람에게 기쁨을 주었다. 그중에서도 인상에 남는 것은 1958년에 한센병 환자들의 시설을 방문했을 때의 일이다. 시설에 있는 사람들은 에블린과 함께 오르간을 연주하고 찬송을 부르는 것을 매우 좋아했다.

결혼 1년 3개월 만에 장남이 태어나자 에블린은 당연하다는 듯이 아들을 안고 시설을 찾아갔다. 입소자 사이에서, 특히 여성들 사이에서 흥분의 소용돌이가 일어났다. 그들이 갓난아기를 보는 것이 몇십 년 만의 일이었던 것이다. 오늘날 젊은 사람들은 상상도 못할 일일지도 모르지만 한센병 환자는 아이를 낳을 수 없도록 금지되어 있었다. 지금은 그것이 정말 잘못된 것임을 알지만 옛날에는 유전병이라고 알고 있었기 때문에 결혼할 때 강제적으로 임신을 할 수 없도록 해버렸다. 에블린이 한 여성에게 아기를 안아

보게 하자 그녀는 깜짝 놀라 뒷걸음질쳤다. 에블린이 자꾸 권하자 그녀가 두려워하며 갓난아기를 안고 기쁜 듯이 미소를 지었다. 다른 여성들은 놀란 얼굴로 그 광경을 쳐다보고 있었다.

그들의 경우 감염력이 없었다. 약으로 균이 소멸되었기 때문에 환자라고 할 수 없었다. 그런데도 여전히 근거도 없는 차별을 계속 받아가며 사회로부터 격리되어 살아야만 했던 것이다.

그중에는 시설 바로 옆에 부모님이 살고 있는데도 병에 걸린 순간 인연을 끊고, 완치된 후에도 복적되지 못하는 젊은 아가씨가 있었다. 기독교인으로서 새로운 인생을 시작하게 된 그녀는 부모를 원망하지 않고, 음악을 좋아하고, 오르간 연주를 즐기면서 살고 있었다. 그녀는 에블린이 올 때에 함께 오르간을 연주하는 것을 좋아했으며, 3개뿐인 손가락으로 열심히 연주를 했다. 그리고 자주 "천국에 가면 하프를 연주할 수 있게 하나님이 새로운 손가락을 주시겠지요" 하는 기대를 가지고 있었다.

그들은 자주 이렇게 말했다. "우리는 시설 밖에 나갈 수는 없지만 당신이 밖으로 나가 하나님이 주시는 구원과 평안을 많은 사람들에게 전할 수 있도록 기도합니다." 나와 에블린은 언제나 용기와 힘을 얻고 시설에서 돌아왔다.

그래도 내심 그들이 사회와의 관계를 완전히 포기하지는 못했던 것 같다. 어느 날 나는 미사와 미군기지 내에 있는 교회의 부인들로부터, 한센병 환우들의 시설을 안내받고 그들을 소개받고 싶다는 의뢰를 받았다. 시설 내의 교회에서 그들과 함께 예배드린 후에 부인회의 리더였던 사령관 부인이 나에게 이렇게 말했다.

"우리가 할 수 있는 일이 뭐가 있을까요?"

이 말을 전하자 그들의 대답은 한결같았다. "미사와 미군기지에 가보고 싶다"는 것이었다. 기지 내의 교회에 가보고, 사령관 부인의 집에도 가고, 미국의 집은 어떤지 보고 싶다고 하자 사령관 부인을 비롯한 모든 사람들은 주저 없이 "그런 것이라면 문제 없어요" 하고 대답했다.

그래서 그들이 미사와 미군 기지를 방문하게 되었는데, 내가 그때 감동했던 것은 그들이 기독교인이 아닌 다른 입소자들도 같이 데려가고 싶다고 청한 부분이다. 시설 밖에 나가보고 싶고, 누군가의 집에 초대받고 싶은 것은 그들 전원에게 공통된 바람이었기 때문에 교인들만이 이런 기회를 누리고 싶지 않았던 것이다. 이런 사항도 물론 흔쾌히 받아들여졌다.

▲ 엘리자베스, 제임스와 함께 환자들을 방문한 에블린

이 방문은 당시 신문에 크게 보도되었다. 그들은 우선 기지 내 교회에 갔고, 사령관 집에서 준비한 샌드위치와 차 등으로 친절하게 대접을 받았다. 그 집에서 일하고 있는 일본인 두 명이 있었는데 그녀들은 서로 "믿기지 않는다"며 수군대고 있었다.

평화가 샘솟는 곳

Take the torch shining in the Dark

1958년 여름 나는 처음으로 천막전도집회에서 혼자 설교하기로 했다(천막전도집회란 야외에 텐트를 치고 갖는 집회를 말하며, 당시엔 흔히 이런 스타일로 집회를 열었다). 그때까지의 집회에는 일본인 목사가 설교하러 왔었지만, 일본에 온 지 6년이 되던 해에 일본인 강사를 부르지 않고 함께 일하고 있던 몇몇 일본인 기독교인과 아내와 함께 천막집회를 하기로 기획한 것이었다.

그 무렵, 우리는 고쇼가와하라에서 평화박람회의 주최자가 되기로 했다. 한국전쟁이 한창이었고, 공산주의 국가와 자본주의 국가의 대립이 격화되기 시작한 때이기도 해서 세계 정세는 '평화'의 기미가 전혀 보이지 않던 상황이었다.

이 평화박람회 프로그램의 일환으로 나는 '국제평화'에 관해 연설을 해달라는 부탁을 받았다. 그 연설에 대한 토의 차, 어느 날 나는 의뢰자인 고등학교 교장선생님 댁을 방문했다. 현관 입구에서서 "실례합니다" 하고 큰 소리로 부르자 집 안에서 화내는 목소리가 크게 들려왔다. 교장선생님이 부인에게 화를 내고 있는 것 같았다. 그래서 다시 한 번 더 큰 소리로 "실례합니다"라고 소리를 쳤지만 그들은 계속 싸우고 있었다. 난처했지만 "실례합니다"라고 세 번째로 외치자 겨우 조용해지면서 교장선생님의 부인이 안에서 나왔다. 그리고 내 얼굴을 보자 "아, 선생님" 하며 슬리퍼를 가지런히 모아 두고 안으로 안내해 주었다. 거실에서 기다리고 있자니 아무 일도 없다는 듯이 교장선생님이 나왔고, 우리는 '국제평화'에 관해 서로 이야기를 시작했다.

평화박람회를 위해 헌신적으로 준비하고 있던 그는 국제평화에 관해 열심히 이야기를 했다. 그러나 내 머릿속에서는 아까 그 성난 언성이 쉽게 가시지 않고 있었다. 그래서 나는 "평화를 만들려는 사람은 우선 자신의 마음속에 평화를 품어야 합니다"라고 말했다. 교장선생님은 아무 말 없이 가만히 듣고 있었는데 내가 무슨 말을 하는지 모르는 것 같았다. 그리고 마지막에는 "모든 사람은 조화를 위해 움직여야 합니다"라고 말했다. 가족과의 평화, 동료와 친구처럼 가까운 사람과의 평화를 찾지 못하면서 세계 평화를 이룰 수 있을지 의문이 생겼다.

천막집회에서 나는 에릭 리델이 좋아했던 산상수훈 중에서 예수 그리스도가 "이런 사람은 복이 있다"라고 말씀하신 '팔복' 으로 불리는 행복의 조건에 대해 이야기했다.

> "심령이 가난한 자는 복이 있나니 천국이 그들의 것임이요 애통하는 자는 복이 있나니 그들이 위로를 받을 것임이요 온유한 자는 복이 있나니 그들이 땅을 기업으로 받을 것임이요 의에 주리고 목마른 자는 복이 있나니 그들이 배부를 것임이요 긍휼히 여기는 자는 복이 있나니 그들이 긍휼히 여김을 받을 것임이요 마음이 청결한 자는 복이 있나니 그들이 하나님을 볼 것임이요 화평하게 하는 자는 복이 있나니 그들이 하나님의 아들이라 일컬음을 받을 것임이요 의를 위하여 박해를 받은 자는 복이 있나니 천국이 그들의 것임이라"(마 5:3-10).

이렇게 감동적인 말씀 가운데 예수는 "평화주의자는 복이 있다"고 말씀하지 않으셨다. "화평하게 하는 자는 복이 있나니"라고 하신 것이다. 평화를 만드는 자란 하나님과의 평화를 유지하며, 자신의 마음속에 평화를 이루고, 주변 사람과 평화를 만들어가는 자를 의미한다고 말했다. 자신의 마음속에 분쟁의 씨, 거만함, 자기중심적인 것이 있음을 자각하지 못한 채 평화를 이루어낼 수 있을까. 마음속의 죄와 세상 죄가 연결되어 있기 때문에 마음속의 평화와 세상의 평화 역시 서로 연결되어 있는 것이다.

1959년 일본에 온 지 7년 만에 처음으로 휴가를 얻어 일시 귀국했다. 화물선을 탔기 때문에 여러 나라를 경유하면서 6주나 걸려 오스트레일리아에 도착한 긴 여행길이었다. 당시에 아직 한 살

밖에 안 된 아들이 배 안에서도 장난을 했다. 그 녀석이 소파에 바나나를 문질러 더럽혔던 일 등은 지금도 미소를 머금게 하는 그리운 추억이다.

미얀마에 정박했을 때는 마침 부활절이어서, 배에 목재를 쌓아 둔 목재회사 에이전트에게 물었더니 큰 교회를 소개해 주었다. 그 미얀마 교회에는 리스 족에 가까운 가틴 족이 있었다. 전쟁 중에 일본군의 잔학한 행위를 목격했던 그들은 일본군 포로였던 사람이 지금은 일본의 선교사가 된 것을 알고 놀라기도 했다. 그리운 리스의 사람들과 마찬가지로 그들 역시 음악성이 풍부한 민족이었다. 그날 부활절 예배에서 그들은 헨델의 "메시아"를 정말 멋지게 불렀다. 우리는 뜻밖의 장소에서 뜻하지 않은 연주를 듣게 돼서 매우 기뻤다.

출항한 지 6주 만에 오스트레일리아에 도착했고, 먼저 어머니께 아내와 아들을 소개했다. 어머니와의 재회를 마치고 이번에는 큰 여객선을 갈아타고 런던으로 향했다. 이 1년간의 휴가 중에 영국과 아일랜드의 여러 교회를 돌아다니며 기도와 재정적인 도움을 준 교회 사람들에게 일본에서의 활동을 보고했다. 휴가가 끝날 무렵, 벨파스트에서 둘째 아들이 태어났고, 2주 후에 우리는 다시 일본으로 돌아왔다.

일본에 돌아온 후 우리는 아오모리로 돌아갔는데, 거주할 집이 아직 정해지지 않았다. 일단은 내가 소속된 선교사 단체와 우호관계에 있던 팀 선교단이 앞으로 3개월 정도 비어 있을 집을 빌려

주었다.

사실 집 문제는 우리가 자주 골치를 앓는 부분이었다. 우리는 38년 동안 24번이나 이사를 했는데, 그 이유 중 첫 번째는 사역지가 아오모리, 홋카이도, 센다이, 지바 등으로 계속 바뀌었기 때문이다. 두 번째는 교회를 섬기면서 생활해야 하므로 여러 조건들이 맞는 장소를 찾아야 했기 때문이다. 외국인인 내가 적당한 집을 찾는 것은 언제나 어려운 문제였다. 그러나 고생은 했지만 그때마다 반드시 도와주는 사람이 나타났고, 딱 맞는 집을 찾곤 했기 때문에 항상 감사했다. 언젠가는 아지가사와라고 하는 마을의 역장이 기독교인이었는데 "제가 집을 찾아둘테니 아지가사와로 오세요" 하며 새로 지은 싼 집을 소개해 주었다.

▲ 도쿄에서의 스티븐 메트카프(1985년)

시련

Take the torch shining in the Dark

1961년 아지가사와에서 살고 있을 때, 아내가 셋째 아이를 임신했다. 그런데 이 아이를 출산할 때 아내는 상상하지도 못할 고통을 겪었다.

우리 선교단체 병원이 아오모리에 있었기 때문에 아내는 언제나 거기서 정기검진을 받았다. 그런데 예정일을 한 달 앞둔 검진 중에 갑자기 심한 출혈이 생겼고, 담당 의사는 제왕절개 수술이 필요할지도 모른다며 구급차를 불렀다. 왜냐하면 그 병원은 수술 장비가 갖추어져 있지 않았기 때문이었다.

공교롭게도 그날이 5월 5일 어린이날이었기 때문에 아내를 싣고 간 병원에는 의사가 없었다. 아내는 꼬박 하루를 출혈하면서 기다려야 했다. 그때 병원 의사가 걱정했던 것은 아내의 혈액형이 희귀한 RH라는 것이었다. 이미 상당한 출혈이 있었기 때문에 수혈이 필요했다. 하지만 지방 병원에 RH 혈액이 준비되어 있을 리가 없었다. 나는 만일 수혈이 필요하게 되면 미사와 기지에 가서 혈액을 공급받아 올 건지, 아니면 아내를 그리로 데리고 갈 건지 물어보았다. 놀랍게도 산부인과 주치의가 와서 "괜찮아요. RH 혈액은 있으니까 여기서 수술할 수 있어요"라고 하는 것이었다. 기적 같았고, 우리는 기뻐하며 안심했다.

그런데 수술이 시작되자 그 의사는 이상한 말을 했다. "앞으로 10분간은 아플 테니까 꾹 참으세요." 그 의사는 아기가 너무 약해져서 마취를 하면 죽을지도 모른다고 판단하여 마취 없이 수술을 시작한 뒤에 아기를 꺼내고 나서 마취를 하려 했던 것이다.

아내는 "마취는 안 할 겁니다"라는 소리조차 듣지 못했다. 갑자기 복부에 칼을 대는 것을 느끼고 아내가 견디다 못해 큰 소리를 지르기 시작했다. 의사는 "소리 질러도 소용없어요. 10분만 참으세요"라고 말했다고 한다. 수술실 밖에서 기다리고 있던 나에게는 아무 말도 해주지 않았다. 만일 알고 있었다면 아내를 그렇게 내버려두지는 않았을 것이다. 미사와 기지에 데리고 갔으면 좋을 뻔했다.

수술실에서 나온 아내의 얼굴을 본 나는 공포에 질려버렸다. 아내의 얼굴은 잿빛이었고, 다 죽어가는 사람 같았다. 나를 보고도 누군지 금방 알아차리지 못하는 것 같았다. 의사도 매우 쇼크를 받은 상태였다. 의사는 겨우 "뭐라고 해야 좋을지 모르겠네요. 제가 할 수 있는 일이 뭐가 있을까요"라고 했다. 아내는 그저 "집에 가서 기도해요"라고만 했다.

다행히 아기는 무사했다. 하루만 보육기에 넣었고, 그후는 순조롭게 자라주었다. 이렇게 태어난 셋째 아이도 남자였다. 아내는 일주일간 그 병원에 입원해 있었는데, 수술 후 3일째에는 고열이 났다. 인턴이 와서 "왜 이렇게 고열이 나고 상태가 안 좋을까요"라고 에블린에게 묻는 말에 오히려 놀랐다. "모르겠어요. 선생님도 모르세요?"라고 대답할 수밖에 없었다. 나중에 알게 된 일인데 그 고열은 패혈 증세였던 것이다.

출산하고 7일 후에 그 병원을 다시 찾아갔을 때, 우리는 믿을 수 없는 이야기를 들었다. "당신은 RH O형 혈액을 수혈받아서 RH 플러스 양쪽 혈액이 한 몸에 섞여 있으니 앞으로 절대로 수혈받지 마세요"라고 하는 것이다. 다시 말해서 "RH 혈액은 있어요"라는 의사의 말은 새빨간 거짓말이었다. 아내의 출혈이 심해지니까 RH 플러스 혈액을 넣어도 항체가 작용하지 않을 것이라는 추측하에 이제까지 해본 적이 없는 실험적인 처치를 했던 것이다.

아내의 친구인 일본인 여의사는 그 사실을 알고 흥분해서 병원에 가서 심하게 항의했다. 아는 사람 중에 의대 교수였던 사람도 찾아가서 "이런 일은 절대 해서는 안 되지요. 만약 그녀가 죽기라도 한다면 국제적인 문제입니다" 하고 말했다. 나 역시 몹시 실망할 수밖에 없었고, 이 사건은 그후로 아내의 성격에 큰 영향을 끼쳤다. 적극적이고 자신감 넘치던 그녀가 여러 가지 일에 주저하게 되었다. 하지만 아내는 그후로도 충분히 용감했고, 기가 죽거나 하지는 않았다. 이제 일본은 지긋지긋하니까 영국으로 돌아가자고 말한 적도 없었고, 그후로도 두 명의 아이를 일본에서 더 낳아주었다. 1963년에 미사와 기지 내의 병원에서 기다리던 여자아이가 태어났고, 1965년에 자마(座間) 기지에서 넷째 사내아이가 태어났다.

자식인가, 사역인가

Take the torch shining in the Dark

아이가 태어나는 것은 내게 큰 기쁨이었다. 그러나 한편으로는 선교사 자녀였던 내가 이번에는 아이 딸린 선교사로서의 심적 고통을 체험하게 되었다.

아이들은 모두 유치원까지는 일본 유치원에 다녔고, 취학 연령이 되고부터는 선교단체가 만든 영국과 미국식 학교에 다녔다. 홋카이도 오타루에서 사역하던 때는 그 학교가 하코다테(函館)에 있었기 때문에 큰아들과 둘째아들이 기숙사에 살면서 학교에 다녔다. 그 학교는 학생이 24명인 작은 학교였고, 기숙사도 하우스 페어런트라고 하는 사람과 함께 사는 가정적인 곳이었다. 주말에는 우리가 만나러 가서 같이 집으로 돌아왔는데, 어느 날 둘째아들이

행방불명이 된 '사건'이 일어났다. 내가 삿포로 교회에서 설교를 하고 있을 때 아내한테서 전화가 와서 여덟 살짜리 둘째아들이 없어졌다는 연락을 학교로부터 받았다는 것이다. 나는 "아이들은 시대가 바뀌어도 마찬가지에요. 그 아이는 지금쯤 소야(宗谷)호를 타고 있을 거예요"라고 아내에게 대답했다. 그리고 하코다테(函館)와 오타루를 오가는 소야호 열차가 닿는 역에 가 기다렸다가 철도 경찰에게 물어 보았더니 예상대로 "네, 외국인 아이가 타고 있었어요"라는 대답을 해왔다.

나는 내 어릴 적 체험을 통해 아들의 기분을 잘 알았다. 학교생활에는 즐거운 일도 있지만 그렇지 않은 일도 있다. 언짢은 일이 있으면 집으로 돌아가고 싶은 것이 자연스런 현상이다. 학교 생활이 싫어져 집에 돌아가고 싶다고 매일같이 울면서 살았던 것은 아니다. 아이는 자신에게 놓여진 환경을 그대로 받아들이는 법이다. 오히려 부모 쪽이 괴로웠다. 그리고 나보다 아내가 더 괴로웠을 것이다. 둘째아들은 다음 날, 아내가 학교에 데리고 갔고, 그 후로는 별 탈 없이 학교생활을 할 수 있었다.

오타루에서 있었던 추억 가운데 하나는 우유 가게 아저씨가 기독교인이었던 것이다. 그는 우리 집에 우유를 배달해 주던 아저씨였다. 그 사람 말로는 우유병을 회수하러 가면 병마다 지저분하고 어떤 때는 담뱃재가 들어 있기도 했다는 것이다. 하지만 에블린은 언제나 깨끗이 씻어 병을 내놓았기 때문에 우유 가게 아저씨가 이 집 사람은 어떤 사람일까 하고 궁금해했다. 그리고 목사네 집이라는 것을 알고부터 기독교에 관심을 갖게 되었다. 에블린이 아주

자연스럽게 대해 주었는데, 그녀의 그런 세심한 배려를 마음에 담고 있다가 그가 교회 문을 두드린 것은 매우 기쁜 일이었다.

둘째아들의 탈주 사건은 이틀간으로 종결되었고, 그 후로 그런 일은 없었지만 아이들이 이제 조금씩 성장하자 문제는 더 복잡해졌다. 큰아들과 둘째아들이 일본에서는 초등학교에 해당하는 프라이머리 스쿨을 마치고, 영국의 보딩 스쿨(기숙사가 딸린 학교)에 진학했다. 이곳은 이 아이들이 태어나 얼마 되지 않았을 때, 선교단체가 입학을 신청해 놓았던 학교이다. 당시의 영국 법률상으로는 부모가 해외에 있는 경우, 아이들이 기숙사가 있는 보딩 스쿨에 다니게 되어 있었고, 학교 수업료는 면제였다. 만약 내가 영국에 있었다면 목사 월급으로는 도저히 낼 수 없을 정도의 비싼 수업료를 지불해야 하는 일류학교에 무료로 다닐 수 있게 된 것이다.

이때 처음으로 두 아들과 우리는 멀리 떠나 따로 살게 되었다. 주말마다 만날 수 있었던 프라이머리 스쿨 때와는 전혀 달랐다. 나 자신도 부모님의 사역으로 인해 내내 떨어져 살아야 했고, 전쟁시에는 7년 동안이나 만날 수 없었다. 그러나 그 가운데서도 언제나 부모님이 나를 위해 기도해 주셨고, 편지를 통해 세미한 교류를 이어왔던 것이다. 쓸쓸하기는 했지만 그런 일로 부모님을 원망하거나 하나님을 원망하지도 않았다. 이번에는 나와 아내가 우리 아이들에게 그렇게 할 때가 온 것이다. 아이들에게서 매주 귀여운 편지가 날아왔다. 여름방학과 겨울방학에는 '퀄리티 타임'이라고 해서 아이들과 밀접한 시간을 함께 보내기로 마음먹고 기대에 차 있었다.

▲ 아오모리현 가나기 마을에서 성경공부 중(1956년)

이렇게 우리는 외로운 것 빼고는 떨어져 사는 것에 대해 문제를 느끼지 않았다. 그런데 입학 후 1년이 지났을 때 영국 호스텔로부터 "당신은 귀국해서 직접 아이들을 돌보시오"라는 연락이 왔다. 호스텔이란 휴교 기간에 아이들을 돌보아주는 곳이다. 이 호스텔로부터 그런 연락이 왔기 때문에 우리는 몹시 불안했다.

그 무렵 아오모리 시내에 바이블센터라는 곳이 생겨서 나는 그곳에서 성경 강좌를 열고 있었다. 그곳에는 초등학교 교장선생님과 의사, 의대생, 그리고 신사(神社)의 신관들이 성경에 흥미를 가지고 찾아와 주었다. 그밖에도 많은 소중한 학생들이 배우고 있는 그 성경 강좌를 버려 두고 귀국하는 것은 생각만 해도 가슴이 아팠다. 그러나 한편으로는 아이들한테 빨리 가서 모두 다같이 살고 싶다는 마음도 있었다. 이러지도 저러지도 못하고 결론도 내리지 못한 채 일단은 일시 귀국하기로 했다.

영국에 돌아가 보니 관계자들 사이에서 약간의 소동이 있었다.

호스텔이란 부모가 마음 놓고 일할 수 있도록 아이들을 맡아주는 역할을 해야 함에도 불구하고 독단적으로 부모에게 "귀국하시오" 하고 통보한 것은 옳지 않은 처사였다. 더군다나 우리 아이들의 경우에는 아무 문제도 일으키지 않았다. 큰아들이 원래 무뚝뚝한 성격에 나이도 있기 때문에 거의 말이 없었다. 그래서 그 호스텔이 "저 아이는 무슨 생각을 하고 있는 건지 알 수 없다"며 걱정되었던 모양이다. 10대와의 접근방식은 친부모라도 어려운데 다소 신경질적인 그 사람은 필요 이상으로 심각하게 생각했던 것 같다.

그 소동이 완전히 정리되기까지는 약 11개월이 걸렸다. 그러는 동안 나와 아내는 자주 금식기도를 드렸다. 우리 선교단체에서는 본인 사정에 의해 귀국해서 3개월이 지나면 급여가 삭감되는 규정이 있었다. 그런데 단체장으로부터 "당신에게는 5명의 아이가 있으므로 월급을 갑자기 삭감하는 것은 무책임하니 그렇게 하지 않겠습니다" 하는 말을 들었다. 그러나 나는 "하나님께서 모두 알고 계시니 어떻게든 해주실 것입니다. 원조는 필요없습니다" 하고 예외조치를 거절했다.

그러자 상식적으로는 생각할 수 없을 정도로 여기저기서 후원금을 보내주었다. 우리 부모님을 알고 있던 사람이 7년간이나 만나지 않았음에도 불구하고 갑자기 송금을 해주기도 하고, 만난 적도 없는 캄보디아 선교사로부터 돈이 오기도 했다. 이 선교사님의 아이가 우리 아이와 같은 학교에 다니고 있었기 때문에 사정을 들은 모양이었다. 일본에서 성경 강의를 듣는 사람들로부터도 후원금이 들어왔다.

그 무렵, 런던에서 발행된 〈타임〉지에 이상한 광고가 나와 있었다. "일본어를 할 수 있는 기독교인 구함." 런던 시내에 사는 일본인 비즈니스맨을 전도하기 위해서 일본어를 할 수 있는 기독교인이 필요하다는 것이었는데 기독교인을 상대로 하지 않는 일반지에 이런 광고가 나오는 것 자체가 정말 드문 일이었다. 정말 나를 위한 광고라 생각하며 기쁜 나머지 즉시 면접을 보러 갔다. 그러자 책임자가 친절히 대해 주었고, 내 사정도 잘 들어주더니 서로의 이야기가 끝나고 나서 함께 기도하기 시작했다. 그런데 기도가 끝나자 그가 확신에 찬 태도로 이렇게 말했다. "당신은 여기에서 사역할 것 같지 않습니다. 일본에 돌아가셔야 할 것 같습니다." 솔직히 말해서 나는 몹시 실망했다. 하지만 돌아올 때 그의 비서가 나와서 내게 고액의 수표를 주면서 "교회는 당신을 위해서 기도할 것입니다" 하고 말해 주었다.

선교 활동과 아이 문제, 이 두 가지는 나와 아내에게 닥친 매우 괴로운 시련이었다. 그러나 나는 하나님을 위해서 일하는 자들을 하나님께서 반드시 돌보아주신다는 확신을 가지고 있었으므로 기도하며 나아갔고, 그러자 정말로 하나님께서 길을 열어주셨다. 큰아들도 "아버지 사역지는 일본에 있잖아요. 왜 영국에 돌아오셨나요? 돌아오라고 말한 호스텔에 문제가 있었던 거예요" 하고 말했다. 그 아이도 그때는 이미 확실한 신앙을 가지고 있었던 것이다.

이렇게 해서 약 1년 후에 모든 문제가 해결되어 우리는 아이들을 런던에 두고 다시 일본으로 돌아왔다. 그리고 아오모리에 이어 센다이에 부임하여 6, 7년을 보냈다. 이때 영화 '불꽃의 주자' 가

개봉되어 에릭 리델의 생애가 아름다운 영상과 인상적인 음악과 함께 많은 사람들에게 소개되었다. 그렇게 하나님을 사랑하고, 사람을 사랑하기 위해 애썼던 리델이 가족의 보살핌도 없이 수용소 안에서 죽고 외로운 묘지에 묻히는 것을 본 내게 있어서 그것은 정말 큰 감동이었다.

그후로 나는 리델 탄생 백주년기념회에 나가서 그의 세 딸 중 2명을 만날 수 있었다. 중국 학생을 비롯한 많은 사람들이 리델과의 추억을 나누는 기념회는 3일이나 계속되었다. 나도 그에 대한 추억을 참석자들과 함께 나누었다.

일본인은 너무도 모른다

Take the torch shining in the Dark

1985년부터는 오래 사역해 왔던 도호쿠(東北)와 홋카이도 북쪽 지역을 떠나 지바현(千葉縣) 우라야쓰(浦安)로 부임해 왔다. 디즈니랜드가 생긴 지 얼마 안 되어 우라야쓰가 급격히 발전하기 시작할 무렵이었다.

나는 자주 도쿄에 나가서 영어 찻집이라는 곳에 갔다. 이곳은 영어를 공부하고 싶은 사람들이 외국인과 얘기하러 오는 찻집이었는데 영어를 하는 외국인은 몇 시간 있어도 무료였다. 처음 만나는 사람과 이야기하는 기회를 얻을 수 있었지만 우리 교회는 지바에 있기 때문에 도쿄에서 만난 사람을 지바까지 데리고 가기가 어려워 교회 형성으로는 연결되지 않았다. 그래도 예전에는 도호쿠 길거리에서 노방전도를 하면 사람들이 많이 모여들었는데, 그 때와는 많이 달라졌다고 느끼면서 내가 오랫동안 일본에 있었구나 하는 생각이 들었다.

1989년에 쇼와(昭和) 천황이 서거하자, 이를 계기로 나의 과거를 알게 된 많은 사람들이 전쟁 중의 체험에 대해 이것저것 물어오게 되었다. 그때까지는 놀랍게도 이런 화제에 대해 접할 기회가 없었다. 가끔 내쪽에서 이런 이야기를 꺼내면 싫어하는 기색을 보이는 것이 일반적이었다. 그리고 질문을 받고 이야기를 하는 동안에 나는 일본의 젊은이들이 너무나도 그 전쟁에 대해 모른다는 생각이 들어 놀랐다. 전쟁이라고 하면 히로시마를 생각하는 사람이 많지 않을까. 피해자가 되기 전에 가해자였던 것에는 전혀 무지했다. 중국 사람들의 인식과는 전혀 다르다.

나는 2000년에 오랜만에 중국을 방문했는데, 어느 서점이든 중일전쟁 때 일본이 저지른 잔학한 행위의 일러스트가 담긴 책이 놓여 있는 것을 보고 놀랐다. 깊은 분노와 증오가 이전 세대에서 젊은 세대로 전달되고 있었다. 이 책 서두에도 썼지만 이렇게 열심히 증오심을 차세대에까지 전하려는 자세도 문제라는 생각이 들었다. 그러나 피해자가 그렇게 하고 싶은 이유는 무엇일까? 가해자 측이 과거에 대해 너무나 무지하고 무관심하기 때문이다. 지금 중국에는 일본 기업들이 대거 진출해 있는데, 중 · 일간의 과거에는 전혀 관심없는 기업가들이 당당히 돌아다닌다(물론 모두 다 그런 것은 아니다). 심지어 일본군이 침략해서 짓밟은 동남아시아에서 싼

가격에 매춘을 즐기는 일본인도 있었다. 이런 태도로 몇십 년이 지나도록 피해자들의 상처를 치유하지 않고 오히려 더 악화시키는 것은 옳지 않다.

일본의 총리대신이 야스쿠니신사를 참배하는 것을 중국과 한국 사람들이 왜 싫어하는지 일본의 젊은이들은 알고 있을까? 메이지(明治) 천황의 명령으로 만들어진 야스쿠니신사는 일본을 위해 전사한 사람들의 영혼(靈魂)을 추앙하고 있다. 중국과 한국 사람들은 전시 중에 일본의 천황을 신으로 받들도록 강요받았고, 거부하면 고문받거나 죽임을 당했다. 그런 것을 안다면 일본 총리의 야스쿠니 참배가 그들의 눈에 어떻게 비칠지 상상할 수 있을 것이다.

사랑의 반대가 무엇이냐고 하면 증오라는 대답이 나올지도 모른다. 그러나 사실은 사랑의 반대는 무관심이다. 과거의 아픔에도, 현재의 증오에도 무관심한 채 이용할 수 있는 면만을 이용하는 자세가 사랑의 정반대되는 모습이다. 이러한 태도를 고수하는 한, 몇십 년이 지나도 상대 측의 증오와 분노는 없어지기는커녕 더 심해질 뿐이다.

오랜만에 중국을 찾아 새삼 이런 것들을 통감했던 해에 나는 요코하마에 있는 큰 고등학교의 영어선생님을 만날 기회가 있었다. 그가 학생들을 인솔해 북경에 가서 중국 고등학생과 일본 고등학생들이 함께 공개토론회를 가졌다. 중국인들은 중 · 일전쟁에 대해서 일제히 질문을 퍼부었다. 일본 학생들은 말할 수 없이 놀랐다고 한다. 할 수 없이 선생님에게 대신 대답하게 했지만 그 선생님도 대답을 못 했다고 한다.

선생님들은 그제서야 일본 고등학생들이 유럽전쟁과 베트남전쟁에 대해서는 비교적 잘 알고 있으면서도 진작 자기 나라의 전쟁에 대해서는 거의 알지 못한다는 것을 알게 되었다. 그래서 선생님들은 일본 사람들에게 태평양전쟁에 대해 가르쳐야겠다는 움직임을 보이게 되었다고 한다. 나는 이런 이야기를 듣고 정말 기쁘게 생각했다. 얼마나 의미 있는 일보 전진인가. 젊은 세대가 알아가는 것을 시작으로 해서 화해의 길을 열어가기를 바란다.

성경에는 "예물을 제단에 드리려다가 거기서 네 형제에게 원망들을 만한 일이 있는 것이 생각나거든 예물을 제단 앞에 두고 먼저 가서 형제와 화목하고 그 후에 와서 예물을 드리라"(마 5:23-24)는 말씀이 있다. 예수 그리스도는 우리가 주위 사람들과 바른 관계를 형성하기를 바라신다. 가족과 친구, 동료와 서로 미워하는 상태에서는 하나님과 올바른 관계를 이룰 수 없다. 그러나 자신의 죄를 인정하고 용서를 구하는 것은 매우 어렵다. 진정한 사죄도 진정한 용서도 오직 하나님이 하게 해주셔야 한다고 나는 생각한다.

행동하는 일본인

Take the torch shining in the Dark

내가 일본 사역에서 은퇴하고 런던에 돌아왔을 때 게이코(惠子) 홈즈라는 여성을 만났다. 내가 존경하는 일본인 중의 한 사람인 그녀는 혼자 화해를 위한 행동을 실천하면서 많은 사람들의 증오를 삭히고 그들의 마음을 움직여 왔다.

게이코는 미에현(三重縣)의 기와초(紀和町)라는 마을 출신이었는데, 영국 사람과 결혼해서 영국에서 살고 있다. 유감스럽게도 그녀의 남편은 비행기 사고로 사망했고, 현재는 두 아들과 함께 살고 있다. 그녀의 출신지에는 전쟁 이후로 계속 십자가가 세워진 외국인 묘지가 있다. 그것은 전시 중에 일본에 연행되어 광산에서 일하다가 죽어간 16명의 영국 병사의 묘지였다. 기와초 사람들은 지금부터 15년 전의 그 묘지를 훌륭한 대리석으로 다시 짓고 전쟁 후 60년이 지난 지금도 꽃을 바치거나 묘지 주변을 청소하는 등 정성껏 묘지를 돌보아주고 있다고 한다. 게이코는 일본에서 죽어간 16명의 영국 병사 유족에게, 일본이 그들에게 대단히 미안한 짓을 했지만 그들 묘지는 이렇게 소중하게 여기고 있다는 것을 어떻게든 전하고 싶어했다. 그래서 용감하게도 영국에서 행해진 전국 포로대회에 나갔던 것이다.

전쟁 승리국인 영국에는 일본의 포로가 된 적이 있는 사람들이 많이 있고, 지금도 일본에 대해 좋지 않은 감정을 품고 있다고 들었지만, 실감하지 못하는 이가 많지 않을까 한다.

일본은 태평양전쟁 초기에 동남아시아를 침략하였다. 그 과정에서 연합국군 병사들을 포로로 삼았고, 노예처럼 부리다가 목숨을 빼앗아갔던 것이다. 태국과 미얀마를 잇는 타이(Thailand) 철도는, 그것을 만든 연합국군 병사들이 일본군의 가혹한 처사와 강제노동으로 인해 무수히 죽어갔기 때문에 '죽음의 철도' 라 불린다.

그런 와중에 살아 남은 예전 포로들이 모이는 대회가 바로 이 포로대회이다. 거기에 일본인이 갔다고 하면 어땠을지 상상이 될 것이다. 그러나 게이코는 거기에 참석한 많은 예전 포로들에게 무시당하고 조롱당하기도 하면서 "이렇게 화내시는 것은 당연합니다" 라고 받아들이며 사죄했다. "하지만 알려 드리고 싶은 것이 있습니다" 라고 외치며 "괴로우시겠지만 제발 체험담을 들려주십시오" 라고 간청하면서 그들과 부닥쳤던 것이다.

단 한 사람의 일본인도 상상하지 못했던 그 태도가 예전 포로

▲ 도쿄 우라야쓰에서 주부를 위한 성경공부 모임(1987년)

들의 마음을 움직였다. 1992년 그녀는 26명의 예전 포로들을 인솔하고 기와초를 찾아 묘지를 돌봐 준 일본인들과 함께 그 묘지에서 추도예배를 드리고 교류회를 열었다. '마음의 치유와 화해의 여행'이라 이름 지은 이 여행은 영국에서도, 일본에서도 많은 협력자를 얻었고, 그후로도 매년 계속되었다. 방문하는 장소도 요코하마, 히로시마, 오스트레일리아, 싱가폴로 늘어갔다.

그때까지 일본인을 한결같이 미워하고 있었던 예전 포로와 그 가족들의 마음은 게이코와의 만남을 통해 화해의 가능성을 찾는 마음으로 바뀌었고, 실제로 일본을 방문해서 진심으로 그들을 환영하는 일본인들을 만남으로써 용서하려는 결심이 섰으며, 용서함으로써 그들 자신이 정말로 치유되어 갔다.

나도 예전 포로 중의 한 사람으로 2003년에 이 여행에 참가하게 되었다. 그리고 그들과 함께 히로시마를 방문했을 때 평화기념공원에서 연설을 해달라는 게이코의 부탁을 받았다. 나는 전쟁 포로였던 내가 어떻게 일본에 선교사로 오게 되었는지 이야기했다. 그리고 일본인들도 전쟁이라고 하면 "NO MORE, HIROSIMA" 로 일관하지 않고 과거를 배우고 화해의 길을 열고 싶다고 했다.

평화기념공원 자료관에서 가이드로 자원봉사를 하고 있는 미야모토 게이코(宮本慶子)라는 여성이 그 당시 내 연설에 대해 이렇게 감상을 들려주었다.

> 나는 기독교인은 아니었지만 아이가 태어나자 어떻게 아이를 양육해야 할 것인지 지표가 필요하다는 생각에 교회에 나갔습니다. "원수를 사랑하라"는 성경말씀을 들었지만 그렇게 할 수 있을까? 할 수 있다면 그것은 신만이 가능하다고 생각했습니다. 그러나 실제로 그렇게 하고 있는 사람이 있었어요. 이런 사람들은 하나님과 가장 가까운 사람이라고 생각합니다.

그녀가 진실을 정확하게 파악한 것이 나는 매우 기뻤다. "원수를 사랑하라, 용서하기 힘든 상대를 용서하라"는 것은 하나님과 가까이 있을 때 하나님이 마음속에 일으켜 주시는 기적이다. '하나님처럼 위대한 사람이 만들어지는 것' 이 아니라 하나님께 사랑받고 있음을 알고, 하나님을 사랑하게 되는 사람이 하나님께서 원하시는 대로 행하고 싶다고 소망할 때 일어나는 기적이라고 생각한다.

또한 미야모토 씨는 평화기념공원 자료관의 가이드로 일하면서 방문하는 사람들에게 원폭에 대해 들려줄 뿐 아니라 여러 나라의 방문자들의 이야기를 들어주는 것도 자신의 일이라고 생각하였다. 전쟁 중에 일본에 의해 강제적으로 위안부로 보내진 한국 여성들의 문제를 호소하러 오는 사람도 있는가 하면, 일본 역사 교과서가 과거에 대해 올바로 가르치고 있지 않는 것을 분개하는 중국인도 있고, 체르노빌 원자력 발전소 사고, 아프가니스탄에서 지뢰로 한쪽 발을 잃은 소녀들, 정말로 여러 가지 사정을 안고 있는 이들이 평화기념공원을 찾아오는 것이다.

홀로 남겨진 어미로서 이제 더 이상 전쟁의 희생자가 된 아이들이 생기게 해서는 안 된다는 생각을 가슴에 품고 미야모토 씨는 가이드의 일을 하고 있다. 그녀와의 만남은 매우 기쁜 일이었고, 처음으로 히로시마를 방문한 날로부터 약 50년이 지나 다시 방문한 이 여행은 오랫동안 가슴에 남을 것이다.

언제나 일본을 사랑합니다

Take the torch shining in the Dark

나와 아내는 1990년에 일본 사역에서 은퇴하고 영국으로 돌아왔다. 일본에 갔을 때 25세였던 나는 64세가 되어 있었다. 만약 70세까지 일본에 남아 있는다면 영국에서 새로운 일을 시작하기는 무리일 것이라고 생각했다. 그래서 64세에 은퇴하고, 현재는 런던에 있는 일본인 교회에서 일본인 목사들과 함께 사역하고 있다.

귀국이 결정되자 아오모리, 야토, 쓰가루, 센다이, 오타로, 지바 등 이제까지 사역해 왔던 장소에서 세 번이나 송별회를 열어주었다. 여러 가지 추억이 되살아났다. 중국에서 나고 자란 나는 다른 서양인 선교사들에 비하면 일본이라고 하는 동양권 나라를 훨씬 이해하기 쉬운 입장이었지만, 1950년대 도호쿠 지방에서 사역하기 시작했을 때에는 놀라움과 주저함도 많았다.

어떤 때는 “당신 교회에 다니는 그 사람을 내 첩으로 삼고 싶다”는 요청도 있었다. 사과 유통업을 하고 큰 창고를 가지고 있던 부자가 우리 교회에 다니던 한 미망인을 보자마자 그 부인에게 직접 이야기를 걸었지만, 그녀가 “나는 기독교인이므로 그런 일을 하지 않습니다. 앞으로 우리 목사님과 얘기하세요”라고 했기 때문에 나한테 와서 이야기했던 것이다.

그가 미안함도 없이 당당히 요청해 왔기 때문에 나도 몹시 놀랐지만 성경을 펴고 열심히 설명해 주었다. 성경에서는 남편은 아내를, 아내는 남편을 사랑하고, 존경하며, 서로 배반하지 않고 미워하지 않도록 가르치고 있으므로 첩을 취하는 행위는 인정할 수 없다는 것에서부터 그가 의아하게 생각하는 점과 흥미를 갖고 있는 점에 대해 가능한 한 모두 자세하게 설명했다. 그러자 그 남자가 기독교에 대해 매우 호의적이었고, 교회 활동이 가능한 홀을 지어주는 협력자가 되었다.

또한 그 당시는 농촌의 젊은 사람들이 크리스천이 되고 싶어도 장자인 경우에는 그것이 인정되지 않던 시대였다. 가문을 잇고 묘를 돌봐야 할 장남이 가문과 다른 종교를 가져서는 안 되었다. T라는 한 젊은이도 크리스천이 되어 세례를 받고 싶다고 했지만 장남이기 때문에 부모가 완고하게 이를 허락지 않았다.

그런데 내가 아오모리에서 홋카이도로 옮긴 16년 후에 다시 아오모리로 돌아왔을 때 뜻하지 않은 일이 일어나 있었다. 오랜만에 그의 집에 찾아갔더니 그는 밭에서 일을 하고 있었고, 그의 부모

▲ 딸의 결혼식에서 함께한 5남매

가 내 얼굴을 보자 "기독교 선생님" 하며 기쁘게 맞아 주는 것이었다. 그의 이야기는 다음과 같았다.

금년은 쓰가루에서 사과 재배가 시작된 지 100년을 기념하는 해입니다. 이것저것 조사해 보니 사과는 원래 기독교 선교사가 이 지방에 왔을 때 씨를 가지고 와서 그후로 이렇게 발전해 온 것을 알았습니다. 사과 농가는 기독교의 은혜를 입었습니다. 그러므로 이제는 아들이 세례를 받아도 된다고 생각합니다.

이렇게 잊을 수 없는 에피소드를 얘기하기 시작하면 끝이 없다. 나는 현재 76세인데 이제까지 인생의 절반 이상을 일본에서 보냈다. 독신 청년으로 일본에 가 사역을 마치고 영국으로 돌아왔을 때는 소중한 아내와 5명의 자녀가 있었다. 지금은 모두 결혼해서 좋은 직장을 얻고, 나와 아내에게 10명의 손자를 안겨 주었다. 괴로운 일도 있었지만 하나님이 우리 가정에 주신 은혜는 그보다 훨씬 많았다.

영국으로 돌아와 처음에 5년 약속으로 시작했던 런던의 일본인 교회 선교사 사역도 올해로 14년째가 되었다. 우리의 은퇴(Retire)는 Re-Tire(타이어를 갈아끼우다)라며 아내와 농담을 주고받는다. 그러나 몇 살이 되든지 이 몸을 움직일 수 있는 한 하나님 사역에 쓰일 수 있다면 그것이야말로 나의 기쁨이다. 그리고 이 몸이 생각하는 대로 움직여지지 않을 때가 오더라도 나와 아내는 일본과 일

▲ 에블린과 메트카프

본인을 위해 기도하는 것을 결코 쉬지 않을 것이다.

평화를 만드는 자가 한 사람이라도 많아지고 이 지상에 태어날 것을 기대해마지 않는다. 성경에는 "빛은 어둠 속에 빛나고 어둠은 그를 이기지 못한다"라는 말씀이 있다. 빛은 그리스도를 의미한다. 그리고 그리스도를 믿는 우리 한 사람 한 사람도 그 빛을 받아 작은 빛이 될 수 있다. 세상이 아무리 어두운 소식을 전해 와도 작은 촛불이 여기저기에 하나씩 빛나도록 오늘도 나는 나 자신을 태우면서 기도하고 있다.

메트카프 선교사의
최근 동정

▲ 일본 아오모리현 고쇼가와라에서 설교하는 메트카프

▲ 아오모리현 히로사키에서의 전도자 모임(1983)

▲ 일본 센다이에서의 크리스천 결혼식(1988)

▲ 상급 영어성경반 여성들과 함께(1997, 크리스마스)

▲ 도쿄 우라야쓰 교회

▲ 아라타 카마다 목사와 그에게 영어를 가르쳐 준 에블린, Trinity Road 예배당 방문(1997)

▲ 아오모리현 고쇼가와라 교회에서의 송별 모임(1995)

▲ 일본 시코쿠 초등학교에서의 화합을 위한 모임 – 1945년 미국인 낙하산 추락 장면 묘사(2003)

▲ 아오모리현 가나기 마을에서 사인 중

▲ 1938년에 떠난 후로 67년 만인 2005년 다오구 윈난에서 이수(Lisu) 족 목사 방문

▲ 맹인 이(Yi) 족 목사와 내가 소년으로 알았던 그의 이수(Lisu) 족 친구

▲ 대형 Yi 교회와 중국 원난 겨울민족성경학교 교수진

▲ 네덜란드에서의 일본인 크리스천 컨퍼런스(2003)

▲ 일본 시코쿠 초등학교에서의 화합을 위한 모임

▲ 네덜란드에서 일본인 크리스천 모임 연설(2003)

▲ '우리의 선교사 역할(Missionary Roll)' 앞에서

▲ 찰스 스펄전에 의해 놓여진 교회의 머릿돌

▲ 에블린과 메트카프

▲ Trinity Road 예배당 앞에서

선교사가 된 일본군 포로의 76년
어둠 속에 빛나는 등불을 들고
(Take the Torch Shining in the Dark)

2010년 6월 30일 인쇄
2010년 7월 5일 발행

지은이 | 스티븐 메트카프(Stephen A. Metcalf)
옮긴이 | 조사옥 · 김양희
발행인 | 이형규
발행처 | 쿰란출판사

주소 | 서울 종로구 이화동 184-3
TEL | 02-745-1007, 745-1301~2, 747-1212, 743-1300
영업부 | 02-747-1004, FAX / 02-745-8490
본사평생전화번호 | 0502-756-1004
홈페이지 | http://www.qumran.co.kr
E-mail | qumran@hitel.net
E-mail | qumran@paran.com
한글인터넷주소 | 쿰란, 쿰란출판사

등록 | 제1-670호(1988.2.27)

책임교열 | 동경익 · 박신영

값 7,000원

ISBN 978-89-5922-979-6 03230